AF610962

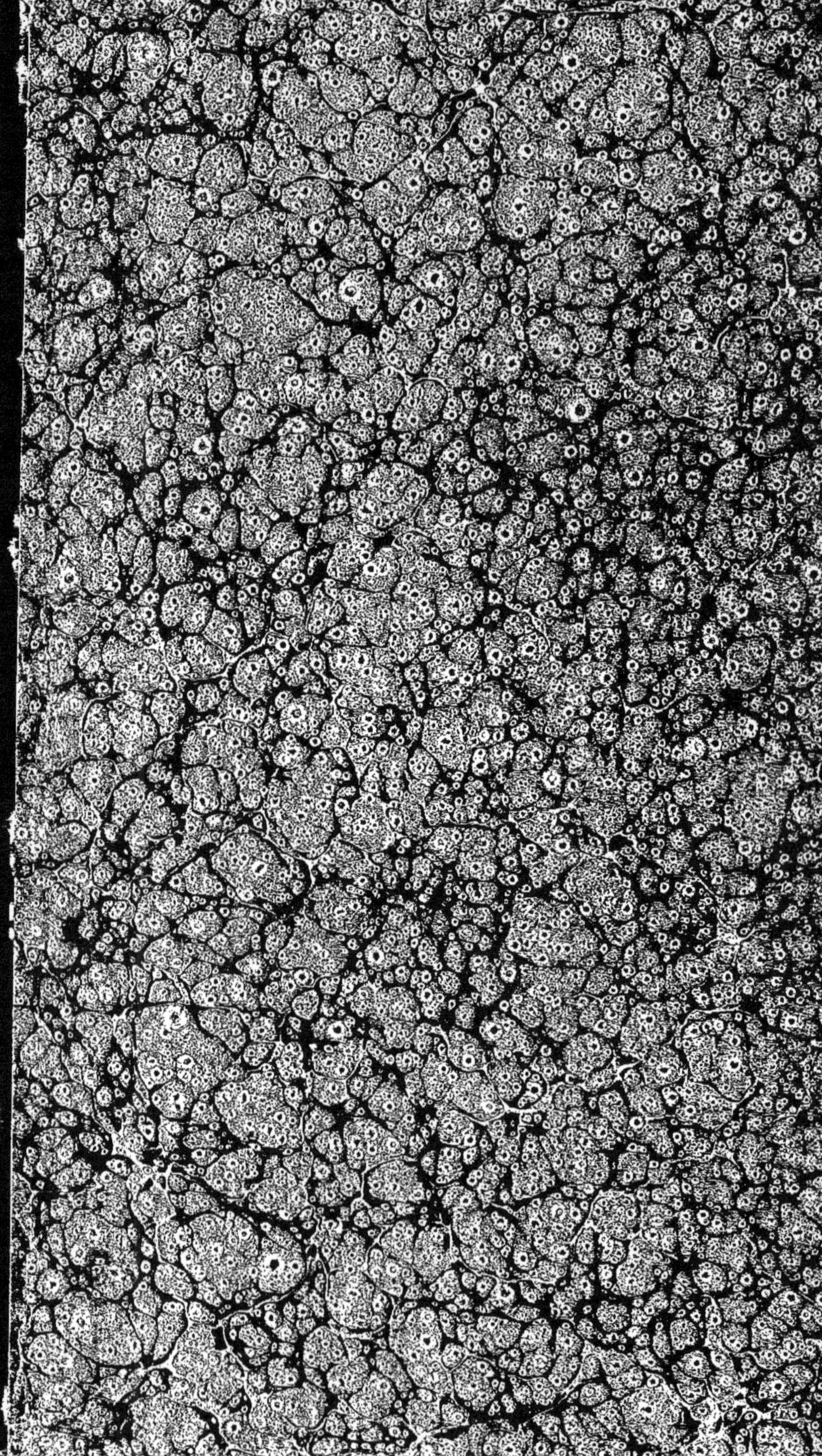

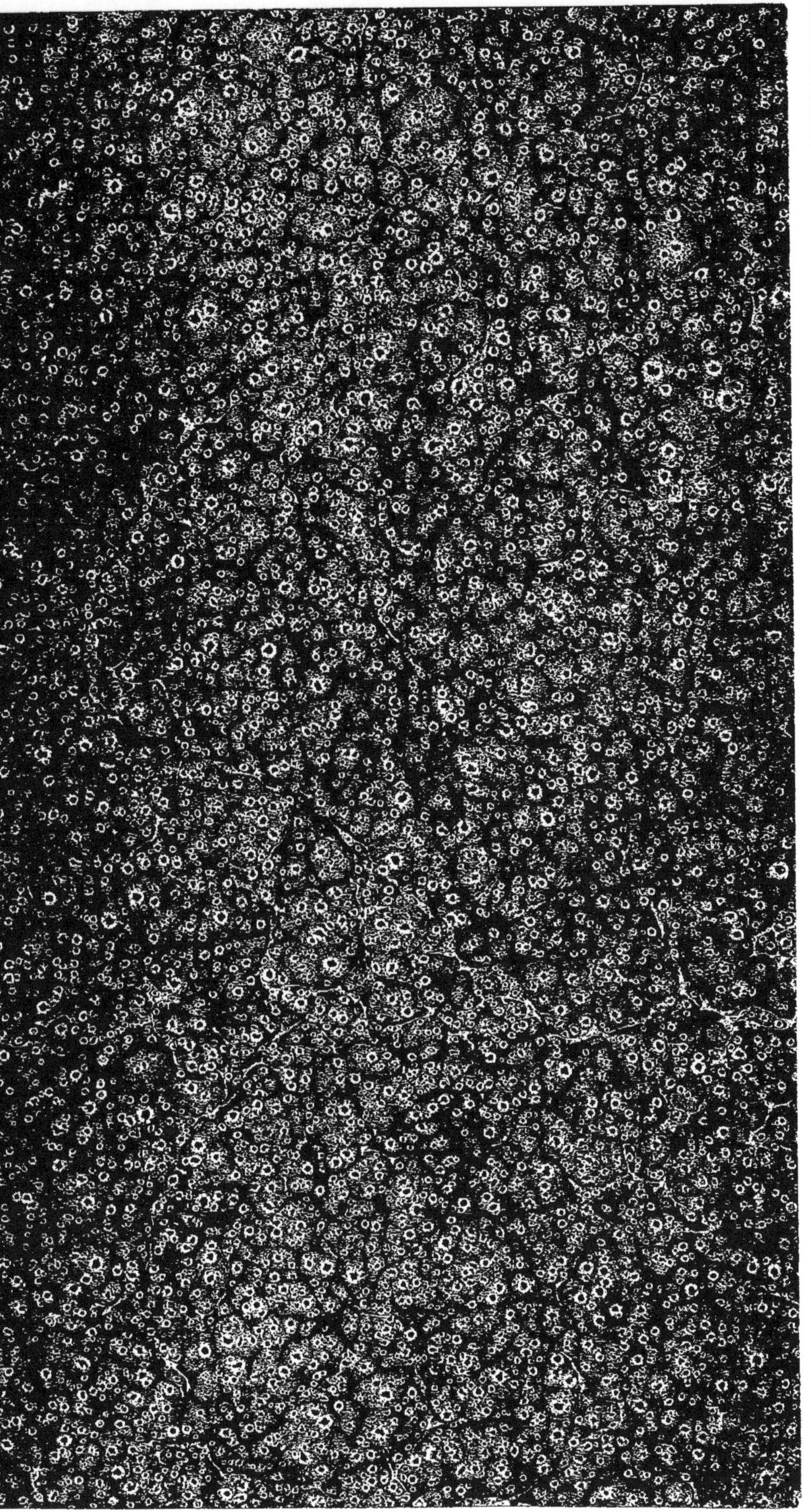

Lb 4 96

SOUVENIRS

DE LA CAMPAGNE DE 1792.

OUVRAGES

DE M. MÉRAT.

Lieutenant au 24e léger.

DOCUMENTS RELATIFS AUX CAMPAGNES EN FRANCE ET SUR LE RHIN, pendant les années 1792 et 1793, tirés des papiers militaires du feu roi de Prusse Frédéric Guillaume III ; traduits de l'Allemand. Paris, Corréard, 1848, un vol. in-8°. Prix : 5 francs.

VERDUN EN 1792 ; Verdun, Bastien, 1849, un vol. in-8°. Prix : 4 francs.

Pour paraître prochainement :

—

LETTRES CRITIQUES

SUR L'ARMÉE PRUSSIENNE

Traduites de l'Allemand et annotées

Par J. de Clanoric et Paul Mérat.

Paris. — Imprimerie LACOUR et Ce., rue Soufflot, 11.

SOUVENIRS

DE LA

CAMPAGNE DE 1792

PAR JAMES MONEY,

Ex-maréchal de camp au service de France.

Traduits de l'Allemand

Par PAUL MÉRAT,

Lieutenant au 24e léger.

PARIS,

LIBRAIRIE MILITAIRE, MARITIME ET POLYTECHNIQUE

DE J. CORRÉARD,

LIBRAIRE-ÉDITEUR ET LIBRAIRE-COMMISSIONNAIRE,

Rue Christine, n° 1.

1849.

AVERTISSEMENT DE L'ÉDITEUR.

Le volume que nous offrons aujourd'hui à nos lecteurs est le deuxième que nous publions sur les campagnes de 1792. Il a été écrit par un Anglais, le général Money, qui a fait toute la campagne comme maréchal-de-camp au service de France.

Sans préjuger en rien de l'opinion que pourraient se former les lecteurs après avoir étudié le livre, l'éditeur espère qu'on y trouvera de nombreux renseignements sur cette campagne *énigmatique* de 1792, ainsi que l'appelle le chef d'escadron d'état-major Joinville dans le remarquable travail qu'il a publié sur cette première campagne de notre grande Révolution.

Les faits neufs y abondent, beaucoup de détails

inconnus jusqu'à ce jour s'y trouvent, bien des aperçus nouveaux y ont place qui éclairent la question au double point de vue politique et historique. Les militaires y trouveront confirmés des faits qui avaient pour la première fois été mis à jour dans les *documents tirés des papiers militaires du feu roi de Prusse, Frédéric Guillaume III* (1), dont nous avons dernièrement donné une traduction française.

Si ce deuxième volume de traduction est agréé de nos lecteurs, l'éditeur et le traducteur se proposent de faire connaître aux militaires français quelques autres ouvrages successivement publiés tant en Allemagne, qu'en Angleterre et restés jusqu'à ce jour complètement inconnus au public français.

Le livre, dont nous donnons ici la traduction, a été publié à Londres, en 1794, et une traduction en a paru trois ans plus tard en Allemagne, sans indication du lieu de la publication, ainsi que sans nom d'imprimeur (un volume in-12). Le traducteur ayant eu en main l'édition anglaise et l'édition allemande (qui est d'ailleurs d'une scrupuleuse fidélité), s'est efforcé autant qu'il a été en lui, de rem-

(1) Traduits par Paul Mérat, lieutenant au 24e léger. — Paris, 1848; un vol. in-8° chez Corréard.

plir convenablement la mission dont il s'était chargé. Des notes nombreuses servent à éclairer le texte et à l'expliquer quand il est nécessaire ; elles ont principalement pour but, de donner des détails sur quelques parties du sujet où l'auteur ne s'arrête pas suffisamment, ou d'indiquer la concordance ou la dissemblance de l'écrit du général Money avec les différents ouvrages sur la même époque que le traducteur a tenus entre ses mains.

SOUVENIRS

DE LA CAMPAGNE DE 1792.

PRÉFACE DE L'ÉDITEUR ANGLAIS

(Reproduite par l'éditeur allemand).

On peut affirmer, sans crainte d'être démenti, que les pages qui suivent, extraites du journal du lieutenant-colonel Money (lequel fut en ce temps au service de France en qualité de maréchal-de-camp), répandront un jour véritable sur la conduite secrète de Dumouriez, en même temps qu'ils expliqueront la cause jusqu'à ce jour inconnue de la retraite du duc de Brunswick.

Money ne garde le silence sur aucun motif des actions de ces deux généraux, attendu qu'il avait servi dans l'armée française et qu'il avait tout observé en homme qui aime son métier et veut s'y perfectionner. C'est qu'en effet la guerre est une étude bien difficile à apprendre. Le vulgaire en pensera ce qu'il voudra; mais il s'y présente toujours de nouvelles difficultés, difficultés qui varient avec la nature du sol. Aujourd'hui un général prend telle disposition et demain il sera obligé de tenir une conduite complètement opposée; ce sera le terrain et non sa force numérique qui le guidera. Bien des militaires s'illusionnent au point de se croire habiles dans l'art de la guerre parce qu'ils ont fait une ou deux campagnes; ils se flattent même de pouvoir exercer tout espèce de commandement; mais qu'il leur en arrive un, et ils ne tarderont pas à reconnaître leur erreur, bien que le plus souvent ils hésitent à l'avouer.

Jusqu'à ce moment, Money a servi dans quatre guerres. *Primo* : dans la guerre de Hanôvre avec les dragons légers d'Elliot et les hussards prussiens. Il était parti pour l'Allemagne comme attaché au marquis de Townsend dont les talents militaires sont assez connus pour que je n'aie pas besoin d'en faire ici l'éloge. *Secundo*. Il servit ensuite en Amérique comme quartier-maître-général sous le général Burgoyne; *tertio* il fut général-major chez les Brabançons, lorsque ceux-ci se révoltèrent pour obtenir une Constitution particulière et qu'ils finirent par forcer la confirmation de ces droits qu'ils appelèrent la « *Joyeuse entrée* (1). » *Quarto* : En France, il servit sous le malheureux roi ; ce fut Louis XVI qui lui donna son emploi ; mais il ne voulut jamais rien de la République, bien que le « *bureau de la guerre* (2) » lui ait fait offrir le grade de lieutenant-général.

Le plus fameux chef d'armée que notre pays ait produit est l'immortel duc de Malborough, qui servit sous le maréchal de Turenne et apprit de lui le métier de soldat. Pourrait-on avancer que ce fut par considération pour la nation française que Malborough allait combattre dans ses rangs ? Ce serait absurde. Il est impossible de préciser les motifs qui portent tel ou tel à prendre du service dans un pays étranger. Lors de la dernière guerre entre la Porte et la Russie, Money eut un instant l'idée d'aller servir les Turcs ; serait-ce à dire pour cela qu'il a voulu devenir Turc ? Aussi espère-t-il bien que, quoiqu'il ait servi avec les jacobins, personne n'aura l'injuste absurdité de le faire passer pour jacobin, faction dont il a toujours détesté les principes... Et quel homme en effet n'exécrerait pas jusqu'au nom

(1) En français, et ainsi dans les textes allemands et anglais.
(2) En français, aussi dans les deux textes.

des jacobins après tout le sang qu'ils ont versé et qu'ils versent encore (1).

Money servait avec des généraux fidèles à la monarchie et dont la plupart même portèrent leur tête sur l'échafaud pour expier cette fidélité. On ne peut pas donner une meilleure preuve de ses principes politiques qu'en rappelant que dans la nuit du 9 au 10 août, il vola aux Tuileries afin d'y défendre la vie de la famille royale, courant à chaque instant le risque d'être massacré par les fédérés marseillais ou la populace parisienne; il n'abandonna la famille royale que lorsqu'il se fut assuré qu'elle avait trouvé un refuge au sein de l'Assemblée nationale.

On verra de plus dans le journal du général Money qu'à son arrivée en Angleterre (2) il se proposa à lord Granville, pour faire le voyage de France, en compagnie d'une personne qu'il devait désigner, afin de s'aboucher avec Dumouriez et s'entendre avec lui sur les moyens à employer pour sauver le roi, accusé en ce moment devant la Convention nationale. A coup sûr, cette entreprise était plus que

(1) Ceci fut écrit en 1794 (*Note de l'éditeur allemand*).

(2) Au commencement de janvier 1793 (*note de l'éditeur anglais*).

dangereuse, mais par cela même le but en était plus grand ; nous devons croire que les ministres ont eu des raisons fondées pour ne point encourager cette tentative.

Après que le public aura lu ce volume, l'auteur se soumet au jugement qui sera porté sur lui, ne craignant par l'opinion que l'on peut avoir de tous les actes de sa vie.

SOUVENIRS

DE LA

CAMPAGNE DE 1792.

PREMIÈRE PARTIE.

Vers les premiers jours du printemps 1792, je reçus quelques lettres de Paris, dans lesquelles, sur l'invitation de plusieurs membres de l'Assemblée nationale, mais à l'insu du ministre de la guerre, l'on me demandait si j'accepterais un emploi de maréchal-de-camp, ainsi que la mission d'organiser une légion. Comme en ce temps-là, rien ne pouvait faire supposer que la guerre éclaterait entre l'Angleterre et la France, que d'ailleurs je savais ma présence inutile dans mon pays, j'accueillis avec empressement ces ouvertures ;

et, dans le courant de mai, je me rendis à Paris. Servan était alors ministre de la guerre. Mon arrivée dans la capitale lui fut apprise par M. de Grave, son prédécesseur. La majeure partie des ministres de cette époque appartenait au parti jacobin ; aussi, eût-ce été un bonheur pour la France et pour son roi, si ce ministère (dont faisait partie le général Dumouriez) ne fût pas tombé, car la France n'aurait pas eu à gémir de toutes les horreurs qui l'accablèrent depuis. — horreurs qui sont une honte pour l'humanité, et une tache ineffaçable pour la nation française.

Avec M. Servan, toute difficulté ne tardait pas à être levée : aussi parut-il bientôt un décret de l'Assemblée nationale qui l'autorisait, comme membre du pouvoir exécutif, à prendre, au service de France, quatre officiers généraux de nation étrangère.

Comme ce point était obtenu, et que nous étions en même temps d'accord sur la légion à lever et organiser sur les frontières des Pays-Bas (où j'avais autrefois servi, pendant la révolution, comme général-major), je quittai Paris et m'en retournai en Angleterre, afin de faire mes préparatifs pour la campagne. — Je ne fus de retour en France que vers le mois de juillet. A ce moment, le roi jouissait encore de toute la plénitude des droits que la constitution lui avait accordés. Je ne cacherai pas, d'ailleurs, que comme particulier, je ne sois ami d'un gouvernement monarchique. Or, en ce moment, personne en France ne songeait à la république, ou, tout au moins, ceux qui en rêvaient ne pouvaient pas l'espérer de sitôt. Mais, d'ailleurs, quelle que fût la manière dont les chefs tournassent, j'avais pris la ferme résolution de ne pas faillir à la confiance qu'on avait mise en moi.

De ce que j'avais été élevé dans la constitution anglaise, j'étais d'un avis que beaucoup partageaient alors, c'était, à côté de la royauté, deux chambres dont l'une tînt la bride à l'autre. Nous avons souvent eu, dans notre pays, de ces accidents, à la suite desquels la constitution eût infailliblement entraîné la ruine de la patrie, si nous n'en avions été sauvés par le privilége opposé de la Chambre haute ou par les « *voti negativi* (1) » de la royauté. C'est avec cette certitude que j'avais abandonné l'Angleterre, c'est dans la même disposition d'esprit que j'y retournai.

A Paris, je trouvai un autre ministère, car, pendant mon absence, Lafayette était venu dans la capitale et y avait comprimé l'effort du parti jacobin, parce qu'il croyait, — à ce que je présume, — que ce parti l'empêcherait de réaliser ses vues.

M. Lajarde, le nouveau ministre de la guerre, ne savait rien des négociations que j'avais eues avec ses

(1) Ainsi dans le texte.

prédécesseurs, tout au moins il feignit de n'en rien savoir et me reçut assez froidement. Mais un membre de l'Assemblée nationale, qui se trouvait avec moi, lui ayant affirmé que le décret par lequel il avait été permis au pouvoir exécutif de prendre quatre généraux étrangers, au service de France, n'avait été rendu qu'à mon intention, — il cessa de se montrer aussi difficile et m'envoya un brevet de maréchal-de-camp (1) qu'il n'osait plus me refuser. Quelques jours

(1) Paris, le 19 juillet 1792, l'an IV de la Liberté.

MONSIEUR,

J'ai l'honneur de vous faire savoir que le roi vient de vous nommer maréchal-de-camp. Vous trouverez ci-joint le brevet qui vous confère ce grade.

Le Ministre de la Guerre,

A. LAJARDE.

LA NATION, LA LOI ET LE ROI.

BREVET DE MARÉCHAL-DE-CAMP.

RELEVÉ DES SERVICES DU SIEUR MONEY.	CAMPAGNES ET BLESSURES.
Né le Est au service depuis 1758. Pendant ces guerres de Hanovre, il a servi dans les dragons légers d'Elliot. En Amérique, général-quartier-maître sous le général Bourgoyne, puis major-général au service du congrès de Belgique.	

LOUIS, par la grâce de Dieu et la Constitution, Roi des Fran-

après, le portefeuille du département de la guerre passa entre les mains d'un autre ministre : un certain M. Dabancourt, qui éleva toutes les difficultés imaginables à notre projet de légion. Quelques membres du comité de la guerre désiraient que je fisse une pétition à l'Assemblée nationale, mais je leur fis comprendre que ce serait déclarer ouvertement la guerre au ministre, ce que je ne pouvais pas me permettre. Seulement, je priai M. Dabancourt de me faire avoir une audience du roi ; cette demande lui donna une opinion favorable de mon caractère, car il m'invita à dîner. Là, je lui fis comprendre que mes principes n'avaient jamais été républicains et que j'étais, au contraire, un ami véritable de la monarchie. Je

---

çais, chef suprême de l'armée, ayant pleine et entière confiance dans la valeur, l'expérience, la vigilance, la bonne conduite, le le zèle et la fidélité que le sieur Money a témoignés dans toutes les occasions, l'élevons au grade de Maréchal-de-Camp, pour en remplir les fonctions sous notre autorité et le commandement de notre ministre de la guerre. Ordonnons, en conséquence, à tous colonels, officiers, sous-officiers et soldats, de le reconnaître en cette qualité.

Donné à Paris, le 19 juillet, l'an de grâce 1792, le 19e de notre règne et le 4e de la liberté.

LOUIS.

Pour le Roi :

A. LAJARDE. (*Note de l'Auteur*).

m'aperçus que, dès lors, il faisait moins de difficultés pour ma légion, car il eut même la bonté de m'indiquer de quelle manière je pouvais m'y prendre pour terminer cette affaire. Nous allâmes ensuite au château où il me présenta à Sa Majesté. Le roi m'adressa quelques questions : il me demanda où j'avais servi, sous quels généraux, etc.

La malheureuse époque du 10 août ne tarda pas à arriver, et bien que l'on avait déjà beaucoup écrit sur cette époque, je crois qu'en dire ici quelques mots ne sera pas chose déplacée, puisqu'en ce moment, je me trouvais précisément à Paris, et que j'eus l'occasion de voir les moindres détails de l'évènement.

Le 9 août, environ sur les minuit, mon aide-de-camp entra dans ma chambre et m'apprit que les Marseillais et la populace du faubourg Saint-Antoine marchaient sur les Tuilleries, dans l'intention d'égorger toute la famille royale, qu'en ce moment même la générale se battait dans toute la ville et qu'on sonnait le tocsin. Il me demanda ce que je comptais faire? Après avoir songé quelques instants, je lui répondis que certainement ma place était au château. Le roi venait de me nommer maréchal-de-camp et pouvait avoir besoin de mes services, je devais donc risquer ma vie pour sa défense. Je me trouvais déjà au lit. Je me levai sur-le-champ, et tous deux nous nous mîmes en uniforme pour nous rendre aux Tuileries. Nous ne rencontrâmes personne dans les rues, si ce n'est un bataillon de gardes nationaux, ayant deux pièces de campagne avec lui ; comme il se dirigeait également sur le château, nous nous joignîmes à lui, et nous entrâmes ensemble dans la cour du Carrousel. Au poste principal, je trouvai M. Lajarde, ex-ministre de la guerre, M. d'Abancourt et quelques officiers d'état-major. Je me présentai à eux, leur disant que j'étais venu pour défendre la personne du roi, autant que cela se pouvait faire par une seule personne et leur demandai de me faire donner un fusil, si la chose était possible. Là-dessus chacun d'eux me fit l'accueil le plus flatteur et tous s'écrièrent que j'étais bien un véritable Anglais. Là dessus, je fus conduit dans la chambre du roi par un vieux général qui portait la croix ainsi que le ruban rouge de l'ordre, mais dont j'ai oublié le nom. Là se trouvaient à peu près cent officiers de tous grades, qui me saluèrent avec la plus exquise politesse.

Pendant la nuit, il arrivait de demi-heure en demi-heure. des rapports sur les mouvements des Marseillais. Enfin nous entendîmes trois coups de canon que nous prîmes pour un signal, mais il nous fut impossible de savoir à quel objet il pouvait servir : quoi qu'il en soit, à chaque coup se faisait un profond silence dans tout l'intérieur du château. Avant de monter dans les appartements royaux, j'avais rencontré dans la petite cour, Péthion, le maire de Paris : beaucoup de gens du château le regardaient comme un espion. Un homme, qui m'aperçut en uniforme d'officier général, vint me demander si je n'appartenais pas à la garde royale, mais lui ayant répondu que je n'avais pas cet honneur, je l'envoyai à M. Lajarde, qui étai adjudant-général de la garde-du-corps. Mendat, commandant de la garde nationale, ayant été envoyé à l'Hôtel-de-Ville, y trouva une municipalité nouvellement installée, et en rapporta l'ordre, signé par Péthion et deux municipaux, de défendre les Tuileries et de repousser la force par la force. Mais les factieux lui enlevèrent cet ordre et se mirent en devoir de le conduire en prison ; à la porte de l'Hôtel-de-Ville, la populace se rua sur lui et l'assassina. Son cadavre fut jeté dans la Seine. Cet événement ne fut pas connu dans le château, ou du moins, si quelques-uns l'apprirent, ils ne jugèrent pas à propos de le publier. Plusieurs assassinats commis dans la nuit firent prendre au roi la résolution de quitter le palais. A six heures du matin, on nous annonça la résolution où était le roi d'aller se mettre sous la protection de l'Assemblée nationale. Péthion avait quitté le château entre deux et trois heures et avait été envoyé vers cette Assemblée qui passa la nuit en permanence.

Je pris heureusement (1) la même résolution, et je fis tous mes efforts pour y arriver avant le roi, pensant bien qu'il serait difficile d'y être introduit lorsque Sa Majesté y serait ; mais les gardes ne voulurent point nous laisser entrer. Voyant cela, je descendis mes épaulettes et rentrai dans mon logement, après avoir passé devant un bataillon de la garde nationale stationné à proximité de la place Vendôme (2). J'arrivai sans difficulté à ma demeure, sise dans la petite rue St-Pierre.

A neuf heures et demie du matin, on me fit appeler pour m'apprendre que les Marseillais avaient amené quatre pièces de canon sur la place du Carrousel, et qu'ils allaient faire feu sur le château avec

---

(1) Je puis dire « heureusement » car depuis ce temps, j'ai lu dans l'histoire de Croix sur la Conspiration du 10 août : « Une suite encore plus nombreuse que le matin partit pour accompagner sa Majesté ; mais tous ceux qui n'étaient pas nécessaires autour du Roi et auxquels l'entrée de l'Assemblée nationale se trouvait interdite, durent l'abandonner. A force de paroles et de gestes, on les contraignit à songer à leur propre sûreté. (*Note de l'Auteur.*)

(2) Quelques meurtres furent commis par ces gens pendant la nuit, et, à coup sûr, ils ne m'auraient pas épargné, s'ils avaient su d'où je venais. On lit dans l'histoire : « Sur la place Vendôme se commirent des crimes dont les auteurs sont restés inconnus jusqu'à ce jour. (*Note de l'Auteur.*)

le dessein de le raser et d'en niveler le sol. A dix heures moins un quart le feu commença. Cependant, il me semblait toujours qu'il n'était pas encore impossible d'arrêter le feu et le massacre ; il était bien tard, il est vrai, car, déjà, le danger était extrême ; mais en agissant ainsi, on obéissait aux ordres de l'humanité. Je résolus donc de me rendre sur la place du Carrousel avec un drapeau blanc, et dans ce but, j'attachai un mouchoir à l'extrémité de ma carabine. Mais les Anglais qui habitaient mon quartier m'empêchèrent de sortir, et bien leur en prit, car, évidemment, si j'eusse exécuté mon projet, j'eusse été massacré. A midi, le feu cessa de se faire entendre ; vers une heure, je sortis avec quelques Anglais afin de voir, — s'il était possible, — ce qui se passait du côté des Tuileries. Les rues étaient remplies de troupes et le peuple portait un grand nombre de trophées de sa barbarie au bout des piques et des bayonnettes. Ayant rencontré un homme qui prétendait me connaître et qui m'apostrophait avec grossièreté, je crus que le parti le plus prudent était de me retirer chez moi ; de la journée je ne quittai plus la maison ; car le danger auquel on était exposé dans les rues était de plus en plus grand. Il serait impossible de dire combien de Suisses, ou même combien d'hommes perdirent la vie dans cette journée. Très peu de Suisses échappèrent au massacre, car ils étaient restés dans le château après que le roi en fut parti. Afin de me faire voir le danger auquel je me serais exposé en retournant au château, on me présenta un morceau de l'habillement d'un officier d'état-major qui y avait été assassiné. Les cadavres furent enlevés le soir même et le lendemain de grand matin. J'en vis sortir une pleine charrette d'une maison de la rue Saint-Honoré ; on prétendait que c'était des voleurs qui avaient pillé le château et chez lesquels on avait retrouvé quantité de choses précieuses dont ils s'étaient emparés. Il m'avait été impossible d'aller au château sans que quelque garde national ne m'eût reconnu, aussi je m'en abstins, mais on m'affirma que toutes les chambres étaient pleines de sang. Le jour suivant, je me déguisai et me dirigeai vers les Tuileries, cherchant à apprendre comment et par où avait commencé l'attaque. Sur la place du Carrousel, près de la maison de Brunton, un Anglais, qui de ses fenêtres avait pu voir toute l'action, m'affirma que les Marseillais étaient arrivés sur la place du Carrousel avant neuf heures, amenant avec eux quatre pièces de canon qu'ils avaient braqués sur le château à une distance d'environ 150 mètres ; les Suisses s'étaient alors tous présentés aux fenêtres des croisées hautes du château ; la grande porte du palais était fermée ; dans la cour se trouvait un bataillon de garde nationale : je présume que c'est celui-là même avec lequel j'étais entré dans la cour pendant la nuit. Les Suisses crièrent plusieurs fois aux Marseillais de venir dans les Tuileries et agitèrent même leurs drapaux en l'air en signal de paix. Mais ceux-ci refusèrent cette invitation et enfoncèrent la grande porte du palais sans le secours du peuple, puis ils se précipitèrent dans la cour et enfin dans le château par lequel une galerie conduit au jardin des Tuileries. Le long du chemin qu'ils suivirent il y avait des grilles en fer, afin d'empêcher que l'on ne pût pénétrer dans les Tuileries. Les Suisses leur laissèrent briser cette grille, croyant qu'ils voulaient seulement pénétrer dans le jardin ; mais les Marseillais commencèrent à monter le grand escalier afin de pénétrer dans les appartements royaux ; cet escalier était occupé par les Suisses qui tentèrent de les empêcher de monter (1).

---

(1) Un garde national qui se trouvait alors en faction aux Tuileries, a dit que, pour éviter les horreurs d'une guerre civile, on commençait à tenter des voies amicales, sitôt après le depart du roi pour l'Assemblée nationale, mais qu'environ trente brigands armés de piques se présentèrent au pied du grand escalier et demandèrent à être introduits. L'officier qui commandait le poste des Suisses leur ayant répondu qu'il n'avait pas d'ordre à ce sujet, ils insistèrent, mais sans pouvoir ébranler sa fermeté. Là-dessus l'un d'eux lui enfonça sa pique dans le ventre et étendit raide mort aux pieds de ses soldats ce fidèle mais malheureux officier. Ceux-ci

C'est là que la querelle commença, mais il est probable que l'on ne pourra jamais savoir au juste qui a commencé à faire usage de ses armes, car, à coup sûr, tous ceux qui étaient présents sont restés sur le carreau, car le massacre fut affreux (1), et, de part et d'autre, on se battit avec un effroyable acharnement. Quand ceux des Marseillais qui étaient restés sur la place du Carrousel avec leurs canons entendirent le feu dans la cour du palais, ils commencèrent à tirer sur le château, ce qui força les Suisses à abandonner les croisées ; ceux-ci eurent bientôt forcé les Marseillais à évacuer la place du Carrousel en abandon-

---

ne pouvant retenir plus longtemps leur colère, et ayant d'ailleurs l'ordre de repousser la force par la force, obtempérèrent à cet ordre et firent feu sur les brigands. Croix prétend qu'aussitôt que les Marseillais pénétrèrent dans la cour des Tuileries, ils s'écrièrent : où sont les Suisses? » et cependant cinq de ces rebelles étaient déjà tombés sous leurs coups. J'ai ouï dire également que plusieurs Suisses qui étaient de faction en divers endroits du château furent tués antérieurement à cela. Mais Croix semble être dans l'incertitude sur le parti qui fit le premier usage de ses armes; car il écrit, page 60 : « que les Suisses aient tiré les premiers ou qu'ils n'aient fait que se défendre, leur perte n'en était pas moins jurée. (*Note de l'auteur.*)

(1) Mon domestique, qui immédiatement après que le feu eut cessé, c'est-à-dire entre midi et une heure, s'en alla du côté des Tuileries, me rapporta le fait suivant : Sur la place du Carrousel se trouvaient un grand nombre de Marseillais les uns morts, les autres

nant leurs canons, et à se refugier dans les rues adjacentes en laissant une grande quantité de morts sur le terrain. Bientôt le feu cessa par les fenêtres du château ; les Marseillais s'efforcèrent alors de reprendre leurs canons. Mais ils furent contraints de nouveau à les abandonner. Sur les degrés de l'escalier, le combat continuait toujours avec plus d'acharnement. Les assiégeants montaient sur les cadavres afin de pouvoir arriver à enlever l'escalier ; ce combat dura à peu près une heure, jusqu'à ce qu'enfin, un bataillon de garde nationale amena deux pièces de canon du côté de la rivière. afin de tirer, eux aussi, sur le château ; les Suisses se voyant cernés de deux côtés et attaqués par la garde nationale dont le devoir était, cependant. de défendre le palais avec eux,

---

mourant de leurs blessures ; tandis que dans la cour du château se trouvaient un plus grand nombre de Suisses auxquels on avait tranché la tête. Quelques gardes nationaux qui, peut-être, ne s'étaient pas trouvés dans la mêlée, perçaient de leurs sabres et de leurs bayonnettes ces cadavres, soit qu'ils fussent animés de haine contre eux, soit qu'ils voulussent se vanter d'une bravoure qu'ils n'avaient pas montrée. Les femmes jouaient également leur rôle dans ces atroces saturnales ; les unes poussaient les cadavres du pied, les autres les mutilaient à coups de sabres empruntés à la garde nationale. L'immense quantité de morts qui se trouvaient au pied du grand escalier lui causa une telle horreur qu'il n'osa point monter dans les

commencèrent alors à sauter par les fenêtres dans le jardin, afin de prendre la fuite. Arrivés là, ils battirent en retraite et parvinrent à se sauver à l'exception de ceux qui défendaient le grand escalier. Ceux-ci demeuraient fermes à leur poste, quand un certain nombre de Marseillais et d'hommes armés de piques, étant montés par un escalier de service, vinrent les prendre à dos. Alors commença non seulement le massacre des Suisses, mais encore de tout ce qu'on rencontra dans le château ; très peu de gens parvinrent à se sauver.

Le bruit ne tarda pas à se répandre dans Paris que c'étaient les Suisses qui, les premiers, avaient fait feu sur le peuple. Ceux qui se sauvaient du château furent poursuivis dans les jardins et furent bientôt

---

appartements royaux. Il se dirigea vers le jardin où il trouva un grand nombre de cadavres étendus à terre et affublés des habits de la garde-robe du château. Dans un petit pavillon qui servait d'habitation au gouverneur du dauphin se trouvaient neuf cadavres de Suisses et celui d'un jeune enfant; il y en avait autant devant la porte de cette maison. Le plus remarquable c'est que plumes, livres, encre, papier; tout était encore là sur la table comme si le dauphin et son gouverneur venaient d'abandonner l'appartement à l'instant même. Le jour suivant je retrouvai encore tout dans le même désordre; plus de mille spectateurs se pressaient pour contempler cette scène sanglante. *(Note de l'Auteur.)*

massacrés, bien qu'ils demandassent grâce à deux genoux. Le même sort atteignit aussi quelques personnes respectables qui s'étaient échappées du palais. Près de 70 Suisses furent faits prisonniers par un bataillon qui s'était avancé pour arrêter les massacres. et conduits, sous escorte, à l'Hôtel-de-Ville où on les retint quelques moments. Mais la municipalité refusa de s'intéresser à leur sort, sous le prétexte qu'elle n'avait point le droit de s'immiscer dans cette affaire. Ils furent remis entre les mains du peuple qui les massacra sur la place de Grève. Trente-cinq de ces malheureux étaient parvenus à échapper à ce bataillon, voyant qu'il n'y avait pas de grâce à espérer de ces gens. Ils gagnèrent les Champs-Élysées où ils furent rencontrés par le cinquième bataillon de volontaires parisiens, en ce moment en marche sur le château. Le lieutenant-colonel de ce bataillon, qui fit quelques temps après la campagne de 1792 sous mon commandement, me raconta plusieurs fois les détails de leur mort ; il m'a toujours semblé qu'il en parlait avec plaisir alors que je ne l'écoutais qu'avec dégoût et indignation. Il disait : « Ces malheureux demandaient grâce à genoux. Mais, — ajoutait-il, — nous n'y faisions pas attention ; et nos gens les massacraient sans pitié ; puis ils leur tranchaient la tête et la piquaient au bout des bayonnettes. » Je vous le demande, mes lecteurs, un bataillon de soldats anglais commettrait-il de tels crimes ? Quelques Suisses furent sauvés par l'Assemblée nationale dans laquelle ils s'étaient réfugiés comme gardes du roi. Quand ils avaient appris ce qui se passait aux Tuileries, ils s'étaient précipités dans la salle de l'Assemblée ; le peuple les réclama plusieurs fois, et ce ne fut qu'avec beaucoup de peine qu'on parvint à leur sauver la vie. De 6 ou 700 qu'ils étaient, 130 à peu près échappèrent au massacre.

La consternation de la famille royale, qui se trouvait dans une des tribunes de la salle des scéances, est chose impossible à décrire, craignant sans cesse la violence populaire malgré la présence de l'Assemblée. Madame Théroigne passa la journée à cheval sur la place Vendôme, provoquant le peuple à forcer la représentation nationale pour arracher la reine à sa protection, afin, — disait-elle, — de lui donner le coup de grâce de sa propre main.

On ne peut évaluer au juste le nombre d'hommes qui perdirent la vie dans cette fatale journée. On pense qu'il y eut un peu plus de quatre cents Suisses, mais il serait impossible de fixer, même approximativement, le nombre des gens de cour ou de la livrée royale, et encore moins celui des Marseillais et des hommes du peuple qui restèrent sur le pavé. Les portes de Paris furent fermées à la première alarme, et l'on fit, de toutes parts, des perquisitions afin de retrouver ceux qui avaient paru au château dans la nuit du 9 août, ainsi que ceux qui tenaient à la maison du roi par un lien quelconque. Cela dura toute une semaine pendant laquelle j'eus beaucoup d'inquiétudes, avant de pouvoir obtenir un passeport (1). Enfin j'en reçus un pour l'Angleterre. J'étais alors résolu à ne pas rester plus longtemps au service d'une nation qui se livrait à de si abominables excès. Mais j'avais, pour cela, de grands obstacles à surmonter : je n'avais plus songé que j'avais promis une place à un officier français dans ma légion, pour le cas où je parviendrais à la former ; je lui parlai un peu à l'étourdie de mon projet de retourner en Angleterre ; il s'opposa de toutes ses forces à ce que je quittasse

---

(1) L'officier commandant les fédérés Marseillais et madame Théroigne dînèrent, le 14, avec quelques Anglais dans une chambre qui donnait juste sur la mienne. Cet officier se vanta d'avoir fait périr de sa propre main sept Suisses qui s'étaient cachés dans le cabinet de la reine. Si ce tigre avait pu se douter que moi aussi je m'étais trouvé aux Tuileries en même temps que lui, et que maintenant j'abitais dans le même hôtel, il n'aurait certes pas regardé à deux fois avant de chercher à me tuer. Aussi me tins-je sur mes gardes et conservai-je toujours mes pistolets chargés sur la table. J'avais d'ailleurs pour moi la conscience d'avoir bien agi en allant au château pour chercher à défendre la vie du roi, qui fait d'ailleurs partie de la constitution que, par mon serment, je m'étais engagé à défendre. *(Note de l'Auteur.)*

la France, et le 15, je reçus une lettre de Clavière, en ce moment ministre de la guerre, dans laquelle il me disait qu'il avait trouvé dans ses papiers, mes plans relativement à la légion, et me donnait l'assurance que, dorénavant, je n'aurais plus de difficultés à combattre (1). Cette lettre me préoccupa beaucoup: je ne pouvais douter qu'il n'y eût des rapports entre cet officier et le ministre ; je savais aussi que ma vie était entre les mains du premier, car je lui avais assez légèrement confié que j'avais été au château dans la nuit du 9 août ; je lui avais également avoué que je préférais retourner en Angleterre plutôt que de rester au service. Il me répondit que les choses ne pou-

---

(1) Paris, le 15 août, l'an IV de la république.

MONSIEUR,

J'ai été instruit par une lettre de vous à mon prédécesseur des projets que vous aviez de lever une légion sur les frontières des Pays-Bas. Je puis vous assurer que je vous en faciliterai les moyens autant qu'il sera en moi; mais il faut que vous sachiez qu'un décret est nécessaire pour l'organisation d'un corps. Je ne sache pas que jusqu'à présent l'Assemblée nationale se soit encore occupée de cela. Aussitôt que ce décret sera sorti, le premier ordre que je donnerai sera relatif à l'exécution de votre projet.

Le ministre de la guerre « *par intérim* » (*),

CLAVIÈRE. (*Note de l'Auteur.*)

(*) Ainsi dans le texte.

vaient pas aller ainsi, que ce serait me prononcer ouvertement contre le ministre, que j'étais une créature du roi, et que je deviendrais traître à la cause de la nation. Je lui répondis, pour le calmer, que mon intention n'était pas de quitter entièrement le service, mais que pour la légion, je voulais avoir l'avis du général Dillon qui commandait l'armée de Valenciennes. Je pensais alors que si j'atteignais seulement Valenciennes, il ne me serait plus si difficile de parvenir en Angleterre ; en conséquence, j'écrivis la lettre ci-jointe (1) au ministre de la guerre. Mon ami

---

(1) J'ai reçu hier au soir votre lettre relative à ma légion ; mais ayant été retardé de près de cinq semaines par les ministres qui vous ont précédé au portefeuille de la guerre, ayant eu à vaincre un grand nombre de difficultés que je n'avais pu prévoir, j'ai présentement abandonné tous mes projets sur cette affaire, jusqu'au moment où je pourrais avoir l'avis de M. le général Dillon (*), que j'ai connu en Angleterre. J'ai l'intention de prendre les conseils du général sur ce point. Je tiens également beaucoup à ce que pourront penser quelques amis d'Angleterre qui avaient l'intention de se joindre à moi ; j'attends leurs lettres à Lille ; et comme il est déjà trop tard pour l'organiser avant l'ouverture de la campagne, mon absence pendant quelques jours ne saurait présenter d'inconvénients.

J'ai l'honneur d'être votre tout dévoué serviteur.

MONCY. *(Note de l'Auteur.)*

(*) Le général Dillon dont il est parlé ici est Arthur Dillon, lieute-

me fit observer, relativement à cette réponse à la lettre du ministre, que le ministre y verrait l'intention de ne plus servir. Je lui affirmai le contraire et l'assurai que si le général Dillon accueillait favorablement cette idée, je m'empresserais de lui en écrire. Je le priai de faire part de mes intentions à M. Berthier, qui était alors sous-secrétaire du ministère de la guerre.

Je pus donc quitter Paris le 20 août avec mon aide-de-camp, et je me dirigeai sur la route de Valenciennes. Le premier soir, j'arrivai à Chantilly, où j'étais dans l'intention de passer une journée. Là, je trouvai un bataillon de gardes nationaux qui arrivaient de Paris et qui s'occupaient à briser les statues de bronze et à enlever du palais des princes de Condé tout ce qui pouvait avoir quelque valeur. La veille, ils avaient tué un pauvre diable, dont le seul crime était de s'être enivré, et avaient promené sa tête au bout d'une pique par toutes les rues de la ville. Toute la ville de Chantilly était dans la plus profonde consternation, chacun ayant peur de devenir, d'un moment

---

nant-général, qui périt sur l'héchafaud en 1794, qu'il ne faut pas confondre avec Théobald Dillon, son frère, également lieutenant-général, et qui fut massacré par la populace de Lille en 1793.

(*Note du Traducteur.*)

à l'autre, la proie de ces barbares ; car la plupart des habitants étaient ou aristocrates ou attachés à la maison du prince. Ce que je voyais ici de l'abominable conduite des Parisiens ne me convenant que médiocrement, nous nous dirigeâmes le lendemain sur Péronne et Cambrai. La nuit suivante, le temps étant des plus mauvais, nous fûmes obligés de nous arrêter dans une petite auberge de Cuvilly. Nous y rencontrâmes quelques voituriers qui nous demandèrent (à chaque instant des gens du peuple nous en faisaient autant) si nous ne savions point de nouvelles de Paris et si nous nous y trouvions encore au 10 août ; nous leur répondîmes, qu'en effet, nous nous y trouvions à cette fatale journée : — « Comment! fatale! » répliquèrent-ils, — « vous êtes donc des seigneurs, des aristocrates? — Pas le moins du monde, » répliquai-je, — « nous sommes des Anglais et nous nous en retournons dans notre pays. » Et j'ajoutai : — « Voyez plutôt nos passeports, » afin de leur prouver que nous ne nous mêlions point de politique. Les gens du peuple sont ordinairement soupçonneux, et la manière dont ils nous parlèrent nous prouva que l'opinion que nous nous en formions en nous-mêmes n'était pas erronée. Ils disaient, qu'en ce jour célèbre, ils avaient eu le bonheur d'être à Paris, et qu'ils avaient promené des piques ornées de têtes. L'un d'eux répétait sans cesse, qu'il avait un frère à la campagne, lequel était grand aristocrate quand ils s'étaient séparés, mais que s'il le trouvait dans les mêmes sentiments, il lui couperait le cou, et qu'il en ferait autant à tous ceux qui penseraient ainsi. En entendant parler de la sorte sept ou huit forts lurons, nous songeâmes à la prudence pour la nuit, en chargeant nos pistolets et en barricadant solidement nos portes, car, à coup sûr, personne ne nous serait venu en aide, s'il leur avait pris fantaisie de nous voler ou même de nous égorger. Dans tout ce voyage, nous ne rencontrâmes que très peu de gens qui écoutassent avec déplaisir le récit du massacre des Suisses ou de la captivité du roi. Aussi nous tenions nous sur nos gardes quand il fallait raconter l'histoire du 10 août.

A Cambrai, j'abandonnai ma voiture et je me rendis à Valenciennes dans l'intention d'y voir le général Dillon.

Mon intention était de retourner à Cambray après avoir vu le général, et de me rendre à Lille où je prendrais des chevaux pour gagner le port le plus voisin mais les raisons que me donna le général Dillon pour m'exhorter à suivre la campagne, me firent changer de résolution ; il me représenta que puisque j'avais accepté le rang de maréchal-de-camp, tout le monde me blâmerait de retourner dans mon pays, que, d'ailleurs, j'avais donné ma parole, que, par-conséquent, j'étais lié au service ; enfin, il m'assurait que la suspension du roi n'était que provisoire. Pour commencer, il me promit le commandement de l'avant-garde dans l'armée de Lafayette, qui venait d'émigrer, et dont, suivant toutes les probabilités, il aurait le commandement. Je le priai de vouloir bien attendre ma réponse jusqu'au lendemain. Ayant mûrement réfléchi à ce qu'il m'avait dit, je pensai, qu'en effet, je serais ingrat, si je retournais en Angleterre pendant que la France faisait campagne, après toutes les offres qui m'avaient été faites. Je me dis de plus, que, comme homme de guerre, je n'avais d'autre vue que de faire campagne et de me perfectionner dans mon métier ; d'ailleurs, que les maximes d'État, la religion, la constitution ne me regardaient pas, et que, dans mon âme, je restais indépendant. — Je me résolus donc à l'accompagner à Sédan où se trouvait alors l'armée de Lafayette. Dillon me conduisit alors auprès du général Dumouriez et des commissaires de l'Assemblée nationale, en ce moment à Valenciennes. Je remarquai, dans le trajet que nous fîmes, que le général Dillon passait par une ruelle écartée, afin d'éviter de traverser la place du marché ordinairement pleine de peuple ; j'attribuai ce détour à la crainte dans laquelle il pourrait être que l'Assemblée n'eut rendu quelque décret contre lui, ou bien à la terreur d'avoir perdu la confiance de la nation pour avoir osé déclarer, dans ses ordres du jour, que la constitution avait été atteinte au 10 août, par le décret suspensif du roi.

Dumouriez se rendit, le 27 août, à Sédan, il y arriva au moment même où l'on venait d'apprendre la capitulation de Longwy ; nous le suivîmes le lendemain. En arrivant à Sédan, Nous apprîmes que Dumouriez avait été investi du commandement supérieur de l'armée ; bien que Dillon fut plus ancien lieutenant-général que lui, Dillon fut donc forcé de conserver ce commandement d'avant-garde qu'il m'avait promis, alors qu'il pourrait prendre quelque chose sur lui.

Ici, je mentionnerai un détail qui doit fixer l'attention. Lafayette, à l'approche du duc de Brunswick, avait retiré son armée de Longwy sur Sédan : celui qui jette un coup d'œil militaire sur cette manœuvre, reconnaîtra, ou que le général avait l'intention évidente de nuire à la chose publique, ou qu'il était dépourvu des premières connaissances d'un général ; il aurait dû se retirer sur Verdun, afin de disputer à l'ennemi tout le terrain dont il avait pu s'emparer, et si les Prussiens se fussent approchés de la ville, la défendre le plus longtemps possible ; il n'aurait dû se retirer que dans le cas où l'ennemi eut passé la Meuse au-dessus ou bien au-dessous de la ville, et alors s'en aller occuper la position éminemment défensive de Sivry-la-Perche, qui lui eut fourni une retraite sûre par les défilés de Clermont. Mais au lieu d'en agir ainsi, il s'en alla camper auprès de Sédan, abandonnant à l'ennemi le libre passage de la Meuse. Cette manière d'agir du général Lafayette ne me permet point de douter qu'il n'ait eu en vue de favoriser les projets du duc de Brunswick. Il se trouvait précisément dans les environs de Sédan lorsque commença son procès à Paris ; il était accusé devant l'Assemblée législative. Le mouvement assez suspect qu'il fit exécuter à son armée n'échappa point à ceux d'entre les membres de l'Assemblée qui avaient quelques idées d'une opération militaire ; mais son parti, ou mieux celui du roi ayant encore une haute influence, il fut absous. La déchéance du roi, qui était le principal but des Jacobins, eut été immédiatement prononcée, si la culpabilité de Lafayette eut été reconnue. C'est pourquoi ils résolurent de forcer Louis XVI par l'attaque du château, à se rendre dans le sein de l'Assemblée. Nous avons dit, en racontant la journée du 10 août, comment ils réussirent dans leur projet. Des Commissaires de l'Assemblée nationale furent envoyés aux différentes armées, afin d'y faire connaître le massacre des Suisses, de le justifier, et de prouver en même temps la nécessité d'enlever au roi la puissance exécutive. Les commissaires qui furent envoyés à l'armée de Lafayette furent incarcérés par la municipalité de Sédan; laquelle se trouvait entièrement sous sa dépendance. Cela fait, ce général se résolut à marcher sur Paris à la tête de ses troupes, mais ce projet ne rencontra aucune adhésion; et comprenant bien, alors, que s'il restait plus longtemps à l'armée, il ne tarderait pas à être perdu, Lafayette passa à l'ennemi, accompagné seulement de quelques officiers de son état-major.

Tout ce qui précède n'a pour but que de faire voir quelle était la situation morale et militaire de l'armée, lorsque nous arrivâmes à Sédan ; il faut cependant que j'y ajoute quelques mots : c'est que je ne pus jamais m'expliquer par quel motif Lafayette fut déclaré prisonnier par les Autrichiens et jeté dans un cachot, car, enfin, il n'avait commis aucun crime à l'égard des alliés. Je crois que les raisons de ce fait sont mieux connues à Berlin ou à Vienne qu'à Paris, ou même à Londres. S'il avait commis un crime en France, il eut cherché à se reconcilier avec sa patrie, comme l'ont fait la plupart des émigrés. Si les ennemis voulaient le punir d'avoir cherché à renverser la monarchie absolue, pourquoi ne le renvoyèrent-ils pas en France ; il n'y eut pas longtemps conservé sa tête, et que peut, ici-bas, perdre un homme de plus précieux que la vie ; bien que quelques-uns soutiennent que la peine de mort n'est pas un châtiment aussi sévère que la perte de sa liberté.

Après cette courte digression, j'arrive au Conseil de guerre qui s'est tenu à Sédan le lendemain même de notre arrivée. La question dont nous nous y occupâmes était de la plus haute importance, et jusqu'ici la tenue de ce Conseil a été ignorée de la plupart des lecteurs. Les généraux qui en firent partie étaient au nombre de six, à savoir : Dumouriez, Dillon, Chauzet, Miacinsky, moi et un sixième dont j'ai oublié le nom. Longwy était au pouvoir de l'ennemi qui s'était avancé dans les environs de Montmédy ; on délibéra sur ce que devait faire l'ex-armée de Lafayette, en ce moment éloignée d'environ deux milles de Sédan. Après que diverses idées eurent été émises, le général Dillon dit qu'il tenait pour le meilleur de faire marcher l'armée sur les confins de la Flandre, de s'y réunir aux troupes de ce pays, d'attaquer les Autrichiens en Belgique, affirmant qu'avec une telle armée personne ne pouvait s'opposer à notre marche jusqu'à Bruxelles. Je restai tout étonné de cette proposition ; mais, ce qui me surprit, ce fut de la voir adopter non-seulement par Dumouriez, mais encore par tous les autres. Je n'osai pas y faire une objection, c'est pourquoi la mesure fut arrêtée sans conteste. Dumouriez nous pria de le laisser seul, afin d'en écrire au pouvoir exécutif pour la lui soumettre. Dans l'après-dîner, nous retournâmes au Conseil, la lettre était écrite et chacun y apposa sa signature. Quand vint mon tour de signer, je leur expliquai que je le ferais par estime pour eux.— « Il faudrait connaître la contrée mieux que moi, — ajoutais-je, — mais je crois que cette idée n'aurait pas dû mériter votre approbation, je mettrais presque ma tête en gage que l'Assemblée ne consentira jamais à ce que l'armée se dirige vers la Flandre, laissant ainsi découvert le passage de Paris. »

Après que Dumouriez eut repris la lettre qui contenait l'avis du Conseil de guerre, il me demanda quel serait alors mon plan. Je lui répondis en lui montrant la carte et lui faisant voir les positions au-delà et en deçà de Verdun, que l'armée devait prendre une position telle qu'elle put à la fois secourir Verdun ou Sédan selon que l'une ou l'autre attirerait les efforts de l'ennemi, mais qu'en tous cas, il fallait, à tout prix, défendre le passage de la Meuse, et que si nous n'étions pas capables de le faire, nous devions tout au moins nous retirer dans les défilés de la forêt d'Argonne, en laissant toutefois en arrière un corps de troupes assez fort pour attaquer l'ennemi sur les flancs ou lui couper ses communications. Le général Dillon soutint que nous devions conquérir le Brabant, et que nous aurions encore le temps de revenir avant que l'ennemi eut atteint Paris. Il se trouvait là quelques officiers généraux qui, bien qu'ils eussent signé la lettre, revinrent complètement à mon avis. D'ailleurs, je chargeai l'officier qui fut chargé de porter ce plan à Paris, de faire savoir au pouvoir exécutif que, malgré la présence de ma signature au bas de cette pièce, elle n'avait pas du tout mon approbation. J'ai, d'ailleurs, tout lieu de croire que, lui aussi, était de mon avis. Il est presque incontestable que Dumouriez se soit rangé à l'idée de Dillon ; je n'ai pas besoin de dire ici quels eussent été les résultats de son exécution, il me suffira de le laisser penser.

Nous apprîmes le lendemain que l'ennemi marchait sur Verdun. Dumouriez, sans attendre la réponse à sa lettre, donna ordre de marcher sur Moujon et de passer la Meuse. Le général Dillon, Miacinski et moi, nous nous rendîmes donc à Moujon, et le 30 août, nous campions au-delà de la Meuse. Le jour suivant, on nous dit que Verdun était investi, et bientôt même nous entendîmes le canon gronder dans cette direction. Le général Dillon se rendit à Stenay avec la cavalerie dont Miacinski ne tarda pas à prendre le commandement ; il emmena également avec lui le 9me régiment de chasseurs. Il était à peu près une heure quand apparurent un si grand nombre d'ennemis que Dillon fut forcé de quitter Stenay et de se retirer à Pouilly ; je reçus de lui l'ordre de le secourir (1). Cet ordre fut exécuté avec la plus grande célérité et sur les huit heures du soir, nous arrivâmes au pont de Godron ; mais à peine y avais-je fait faire halte que je reçus l'ordre (2) de retourner sur mes pas. Le lende-

(1) Il est ordonné au général Money de lever en toute hâte le camp de Moujon et de se mettre en route sur Pouilly avec toutes ses troupes, à l'exception du 12e régiment de chasseurs qu'il laissera à Moujon, ainsi que l'un des deux détachements qui se trouvent à Givet et dont chacun est fort de 100 hommes. Arrivé à Pouilly il passera la Meuse et suivra le chemin qui mène, par le pont de Godron, de Beaumont à Stenay. Le présent ordre devra être exécuté aussi promptement que possible ; il fera faire auparavant une distribution d'eau-de-vie aux hommes. Il se fera constamment précéder par les troupes légères et les moins fatiguées. Quand il sera arrivé de la forêt de Neuviller dans la plaine de Stenay, il recevra d'autres ordres.

Stenay, le 31 août, l'an IV de la République.

A. DILLON. (*Note de l'Auteur.*)

(2) Les ennemis se sont emparés de Stenay qui est occupée par près de 7 à 8,000 hommes ayant du canon avec eux. Le général Money ramènera donc sa colonne à Moujon, où je ne tarderai pas à revenir moi-même prendre de nouvelles dispositions et attendre les ordres de Dumouriez.

Pouilly, le 31 août, à 8 heures du soir.

A. DILLON. (*Note de l'Auteur.*)

main, qui était le 1er septembre, Dumouriez passa par Moujon avec toute son armée et s'en alla camper à Beaumont, à peu de distance de nous. Le 2 septembre, l'avant-garde marcha et s'en alla se reposer sur les hauteurs, près de Cherry, sur la gauche du général Dumouriez (1). Là nous apprîmes que Verdun venait de capituler.

---

(1) Au quartier-général de Moujon, le 1er septembre 1792.

Ordre pour la marche du 2 septembre au matin.

On devra de très bonne heure (cinq heures au moins), rompre le camp et charger immédiatement les bagages avec la plus grande promptitude. A cinq heures et demie les troupes les rassembleront sur la route de Beaumont, et ils partiront sous les ordres de M. Harville et des adjudants-généraux. Il faut qu'à sept heures les différentes troupes aient pris les armes et soient en bataille sur le terrain afin qu'elles puissent se mettre en marche à sept heures et demie. Les régiments de cavalerie, le 83e d'infanterie et les autres troupes qui ne sont point dans le camp auront soin de rejoindre avant ce moment. On se mettra en route dans l'ordre suivant :

La compagnie de volontaires, le 9e hussards, le 12e dragons et le 3e chasseurs, sous le commandement du général Miacinsky, devront devancer d'un mille. Toute l'infanterie marchera ensuite, deux bataillons de grenadiers en tête; et pour les autres troupes, chacune suivant son rang. Le 4e chasseurs couvrira l'arrière-garde de la colonne, et le 12e, qui est à Beaumont, fournira l'escorte des bagages et ne devra les abandonner que lorsque la dernière voiture sera à destination. Le 3e et le 6e hussards couvriront le flanc gauche de la colonne, et les équipages viendront immédiatement après le 11e chasseurs.

A. DILLON. *(Note de l'Auteur.)*

Le 3 nous marchons vers Cornay, et Dumouriez se dirige sur les défilés qui sont auprès de Grand Pré. L'avant-garde ennemie était à peu près éloignée d'un mille d'Allemagne sur notre gauche, mais elle ne gênait en rien notre marche ; les Prussiens campaient : les uns à Sivry-la-Perche, les autres à Dombasle Le général Dillon se rendit le soir à Grand-Pré pour y recevoir de nouveaux ordres de Dumouriez. Je ne pouvais plus lui parler à son retour qui eut lieu assez avant dans la nuit, mais je l'allai trouver le lendemain de très grand matin ; il m'apprit que l'ordre de départ pour l'armée était donné, et que je devais suivre immédiatement la colonne qui était déjà en route. Il ajouta qu'il n'était pas du tout raisonnable de la part de Dumouriez de vouloir que mon corps traversât la forêt des Argonnes, vu qu'il est presque impossible d'avancer sur la route qui s'y trouve, et même à Sainte-Menehould dont je devais m'emparer. Quant à lui, il était presque sûr que pendant cette marche nous serions attaqué à Varennes. Je ne fis aucune objection à ces critiques, je me bornai simplement à lui faire comprendre que, selon moi, Dumouriez avait un important projet, et qu'il était impossible qu'il laissât alors l'un de ses corps être attaqué dans un lieu et en un moment où il ne pourrait pas être secouru. Je le quittai et rejoignis la colonne qui ne s'était pas encore mise en marche, je donnai le signal du départ et l'on se mit en marche dans l'ordre ci-annexé (1).

Avant que j'eusse atteint Varennes, ville située à environ 3 lieues de Cornay, je reçus avis de l'avant-

---

(1) Ordre pour la marche du 4 septembre 1792.

La compagnie Ramounet prendra la tête de l'avant-garde. Le 3e bataillon d'infanterie légère et le 5e hussards, qui cantonnent à Cherry, se rendront à un quart de lieue de ce point sur la route venant de Varennes, et y attendront les autres troupes. Le 3e chasseurs prendra rang immédiatement après le 5e hussards. Le 13e chasseurs, qui est maintenant à Châtel, se tiendra prêt à partir sur la grande route en avant du village de Fléville. Les quatre bataillons qui sont encore au camp se mettront en marche derrière l'infanterie (*), le 3e escadron (**), couvrira les flancs de la colonne. Le 6e hussards, qui est à Châtel, s'y rassemblera et escortera jusqu'à Florent, par Fleville, Varennes, Pierre, Croisée et Chalade, les bagages du camp et ceux des différents cantonnements préalablement réunis. Cent volontaires marcheront avec les équipages, cinquante hommes de chaque côté de la route. La compagnie de grenadiers du régiment de la Meurthe se joindra au bataillon de grenadiers. Les équipages devront suivre directement la colonne et même marcher immédiatement après les deux escadrons du 11e chasseurs.

(*Note de l'Auteur.*)

(*) Le texte porte derrière l'infanterie, *hinter der infanterie*, je crois que c'est une erreur et qu'il faut lire derrière la cavalerie.

(*Note du Traducteur.*)

(**) Le texte ne porte pas de quel régiment est ce troisième escadron qui doit couvrir les flancs de la colonne.

(*Note du Traducteur.*)

garde qu'une forte patrouille ennemie se trouvait dans cette ville. Je fis immédiatement partir un bataillon avec deux canons pour soutenir l'avant-garde, et je fis faire halte au reste de la colonne, forte d'environ 3,000 hommes. Bien que l'ennemi ne fût pas très fort, je le tenais cependant pour capable d'atteindre le camp devant Cornay, qui n'est à la rigueur qu'un poste défensif; mais avec une petite civière sur son front, et dans la position où nous étions alors, nous avions l'Aire à notre droite, ou pour mieux dire à dos. Il est certain qu'à peu de distance de nous se trouvaient 40,000 Prussiens; s'ils avaient pu se douter que notre idée était de traverser les bois qui entouraient Varennes, ils nous auraient certainement dévancés. Le général Dillon arriva précisément au moment où le bataillon quittait la colonne; il me donna l'ordre d'avancer et resta avec le bataillon. Quand les ennemis se furent retirés, nous aperçûmes encore quelques vedettes sur une éminence de près d'une demi-lieue. Au-delà de Varennes, je rencontrai de nouveau le général Dillon qui marchait avec la cavalerie, celle-ci était alors à l'entrée de la forêt. Je songe encore à la conversation que nous avons eue alors. Comme ce fut la seule fois qu'il fît sans réflexion ce que je lui demandais, il voyait donc bien lui-même qu'il avait besoin d'un conseil. « Eh bien, mon cher général, me dit-il, nous voici maintenant dans la route qui traverse la forêt ; que croyez-vous qu'il y ait à faire. » Je lui répondis : « Je ne vois rien de mieux à faire que de vous mettre à la tête de votre cavalerie et de traverser la forêt aussi vite que possible; car la cavalerie ne nous est pas bien nécessaire ici ; je ferai suivre les canons et je n'en garderai que deux qui resteront à l'arrière-garde, composée d'un bataillon de grenadiers et d'un bataillon de gardes nationaux. » Il se rendit sur-le-champ à cet avis, et avança dans la forêt à la tête de la cavalerie. On fit marcher en avant les prisonniers ainsi que quelques paysans, afin de déblayer la route que nous trouvâmes partout dans un bon état d'entretien, meilleur même que nous ne l'espérions. Comme l'ennemi ne se montrait pas, l'arrière-garde marchait immédiatement après la colonne. Au milieu de la forêt existe une vallée qui est habitée, c'est là que nous fîmes halte. A mon grand étonnement je vis la cavalerie revenir sur ses pas. Le général Dillon avait reçu la nouvelle que l'ennemi occupait le défilé sis près de Sainte-Menehould, que par suite nous serions obligé de prendre un détour et de passer par Vienne-le-Château, village situé sur notre gauche de l'autre côté de la forêt. Cette nouvelle était fausse. Nous ne tardâmes pas à apprendre à Vienne que le général Galbaud occupait ce défilé avec deux ou trois bataillons. Cette marche fut la plus fatiguante de toutes celles que nous avions encore faites, les troupes étant restées sur pied depuis quatre heures du matin jusqu'à dix heures du soir. Le détour que nous avions été obligés de faire par Vienne-le-Château donna à l'ennemi vingt-quatre heures d'avance pour gagner les défilés de Sainte-Menehould, et cela parce que nous avions ajouté foi à un faux bruit recueilli sur la route. Ceci montre combien un officier doit être circonspect quand il reçoit de semblables nouvelles de personnes inconnues.

Je ne voudrais pas oublier ici un détail qui fera voir quelle subordination, quelle discipline, si l'on peut se servir de ce mot, régnait alors dans notre armée. Je m'aperçus pendant la marche de quelques désordres dans le 8me régiment (1). Je le joignis pour voir ce qui s'y passait : Je rencontrai un soldat qui avait volé un effet d'habillement à une femme ; celle-ci l'avait suivi jusqu'au régiment auquel il appartenait. Sur sa réclamation, j'ordonnai au soldat de rendre sur-le-champ ce dont il s'était emparé, il le fit sans dire un mot ; mais dès que je fus éloigné du bataillon, ses camarades se jetèrent sur lui, le dépouil-

---

(1) Voir les *Observations présentées à la Convention nationale par le général Galbaud* (Paris, in-8° de 36 p., novembre 1793), dans lesquelles on trouvera des faits intéressants relativement à l'occupation et à l'abandon de ce poste. (*Note du Traducteur.*)

lèrent et le tuèrent. La même chose arriva le lendemain et pour le même motif à un autre à Vienne-le-Chateau ; je crois que ces soldats n'auraient jamais pu se décider à faire du tort à leur pays. Pendant que nous étions au camp de Moujon, j'ordonnai à quelques soldats de faucher un peu d'orge parce que la litière leur manquait; mais, bien que je voulusse les indemniser, ils s'y refusèrent et ne voulurent jamais y consentir, bien que je proposasse d'en indemniser le propriétaire, en répétant sans cesse qu'ils étaient venus pour défendre les habitants et non pas pour les ruiner, et qu'ils préféraient coucher sur la terre humide plutôt que de couper cet orge, alors qu'il n'était pas encore mur. Car il faut leur rendre justice et déclarer que souvent, ayant besoin de paille, ils battaient le blé des paysans afin de ne leur faire perdre que le moins possible.

De Vienne-le-Château, nous marchâmes le 5 vers Sainte-Menehould (1) et le défilé situé dans la forêt

---

(1) Ordre de la marche pour le 5 septembre 1792.

Les bataillons d'infanterie se rassembleront à six heures sur la route de Sainte-Menehould et se formeront en colonne; ils prendront avec eux les bagages de l'arrière-garde et auront soin de ne laisser aucune voiture dans la ville. Le 11e régiment de chasseurs et le 6e hussards se joindront à eux. Le 3e chasseurs et le 9e bataillon d'infanterie légère prendront l'avant-garde sur la route de

et appelé Côte-de-Bienne, lequel est éloigné de deux lieues. Ici nous trouvâmes deux bataillons sous le commandement du général Galbaud qui y avait exécuté quelques travaux d'art pour améliorer sa position. Mais s'il eût été attaqué par un ennemi tant soit peu fort, il lui eût été impossible de résister car il avait trop peu d'hommes.

Le lendemain (6 septembre), le général Dillon divisa ses troupes, il fit occuper le bourg des Grandes-Islettes qui était devant son front, par le 5me hussards et un piquet d'infanterie; le village de Futeau, à sa droite, par un bataillon de garde nationale, et Florent, à sa gauche, par un autre bataillon de garde nationale et deux canons. Comme il n'avait que faire de cavalerie dans ce défilé, il l'envoya à Villers, Panevent et autres villages voisins sur la droite de la forêt, où, dans la suite, il répandit également le 9me chasseurs et un bataillon de garde nationale (1). Le quartier

---

Sainte-Menehould. Le 11e chasseurs et les 100 volontaires de la Marne doivent également se trouver avec eux. La garde nationale de Stenay formera l'arrière-garde et partira à sept heures du matin. Le 5e et le 6e hussards, le 12e chasseurs se trouveront auprès de l'avant-garde. Le 3e chasseurs fournira la tête de la colonne, et le 11e l'arrière-garde ainsi qu'un escadron sur les flancs; l'infanterie marchera dans l'ordre habituel. (*Note de l'Auteur.*)

(1) Il n'aurait pas été possible de disposer les troupes avec plus d'habileté; et bien que dans ses lettres au ministre le général Dillon

général était à Sainte-Menehould, mais le général Dillon se rendit pour un ou plusieurs jours à Granges-des-Bois, maison située à peu près à mi-chemin de Sainte-Menehould et de la Côte-de-Bienne, dont le défilé et le camp portent tous deux le nom (1).

A ce moment nous arriva à Sainte-Menehould la nouvelle du massacre des Russes qui avait eu lieu à

---

n'ait jamais cru devoir faire mention de moi, je me plais cependant à lui rendre cette justice. (*Note de l'Auteur.*)

(1) Cantonnements et campements de l'avant-garde.

A Côte-de-Bienne ou Baragui :

Un bataillon de la Charente-Inférieure, le 5e bataillon des Vosges; 160 volontaires de Vitry; la compagnie des grenadiers de la Meurthe; le 4e bataillon des grenadiers de réserve; 60 volontaires de Stenay; le 6e, 8e et 17e d'infanterie et l'artillerie légère.

En cantonnement se trouvaient, à Damour :

Une compagnie de grenadiers fédérés;

A Florent :

Un bataillon de Saône-et-Loire;

A Chartres et Villers :

La compagnie de chasseurs de Rheims, un bataillon de Maine-et-Loire (*);

A Faginière :

Cinq compagnies de fédérés;

(*) Lisez *Mayenne-et-Loire*; l'histoire de ce bataillon et de son commandant Beaurepaire a été publiée à Angers en 1832 ou 1833 en un petit volume in-12. Voir, sur la mort de Beaurepaire, ma brochure intitulée : *Verdun en* 1792 (Verdun, Lallemand, 1848, in-8o).

(*Note du Traducteur.*)

Paris dans la journée du 2 septembre ; tout le monde en parlait avec dégoût et horreur. Pour moi, j'en fus tellement affecté que je songeais sérieusement à quitter l'armée quoi qu'il en pût advenir. Je n'ignorais pas de quelle manière on envisagerait la barbarie dans mon pays. Cette nouvelle était accompagnée d'histoires de meurtres semblables commis à la même date dans toutes les grandes villes. La difficulté était de quitter la France sans passer à l'ennemi. Pour rien au monde je ne voulais en agir ainsi, car c'était une tout autre question, tandis que sans être un ingrat on pouvait quitter le

---

A Sainte-Menehould :

Dix compagnies de grenadiers de Rheims, un détachement de Seine-et-Oise fort de 200 hommes, et une compagnie du premier bataillon de Rheims;

A Bois-de-Vaux :

Une compagnie franche;

A Verrières sous Côte-de-Bienne :

Cent hommes de la Marne;

A Futeau :

Un bataillon d'Eure-et-Loire (**);

Aux Grandes-Islettes :

Le 5e hussards, 100 hommes du 6e régiment et 100 hommes du 5e régiment des Vosges;

A Panevent :

Le 3e, le 6e et le 11e hussards, et les deux escadrons du 12e chasseurs. (*Note de l'Auteur.*)

(**) Le commandant de ce bataillon était Marceau, devenu depuis si célèbre et mort au champ d'honneur à Alterkirchen.

(*Note du Traducteur.*)

service en pareil temps et en présence de semblables événements. Il faut aussi que je dise que mon aide-de-camp, qui était Anglais, lui aussi, désirait autant que moi quitter le service.

Comme en ce moment je n'avais pas de commandement particulier, et que le général Miacinsky, commandant de la cavalerie, était chargé de se rendre à Sedan pour en prendre le commandement, j'écrivis au général Dillon pour le prier de me confier la cavalerie, puisque je n'avais pas d'emploi spécial. J'avais, pendant les guerres du Hanovre, servi dans cette arme dont j'avais été huit ans officier. J'ajoutai que dans le cas où il n'accepterait pas ma demande, je le priais de me permettre de me rendre à l'armée de Dumouriez, et finalement je lui demandai un passeport pour mon aide-de-camp. Pour toute réponse, Dillon me fit prier de passer chez lui.

Lorsque nous fûmes en présence, il me dit que son idée n'était pas de me laisser sans commandement, et il m'offrit immédiatement celui du camp et du défilé de la Côte-de-Bienne. Il me fit sur-le-champ abandonner l'idée de quitter le service en me représentant que ce serait une action peu honorable pour moi. Je lui répondis : « J'aime le service et je préfère être sous vos ordres plutôt que sous ceux de tout autre, mais je n'aime pas à rester sans emploi. » J'établis donc mon quartier auprès du défilé et lui s'en retourna à Sainte-Menehould, qui était distant d'environ deux lieues. Je ferai remarquer ici que nous n'étions pas peu surpris que le duc de Brunswick ne se fût pas emparé de ce passage immédiatement après la capitulation de Verdun ou même avant, attendu qu'il avait suffisamment de troupes pour cela et que nous étions encore fort éloignés. Nous ne nous étonnions pas moins qu'il nous eût tranquillement laissés marcher sur Varennes, alors qu'il avait à trois lieues de là une armée forte de plus de 30 à 40,000 hommes. Il nous faut conclure que le duc ne croyait pas ce passage aussi fort et aussi redoutable qu'il l'est en effet, ou qu'il était sans nouvelles de notre marche depuis Moujon. On peut sans crainte tirer cette conclusion de la faute du général prussien, sans cela il n'aurait pas manqué une occasion si favorable d'occuper un poste d'une si belle importance, ou nous aurait attaqués lorsque, partant de Varennes, nous cherchions à nous y établir.

La grande route de Verdun à Paris traverse cette forêt et mène par Clermont de Sainte-Menehould à Châlons. De Clermont à la Côte-de-Bienne, il y a à peu près une lieue qu'on est obligé de faire à travers une vallée étroite, aux flancs escarpés et couverts de bois. L'occupation de ce défilé non-seulement obligea l'ennemi à faire faire à son armée un détour de neuf milles d'Angleterre (en passant par Grand-Pré), pour entrer dans la Champagne-Pouilleuse, et à y faire transporter ses provisions, mais encore il le contraignit à laisser un fort détachement dans Clermont ou près de cette ville, afin que nous ne coupions pas ses communications avec Verdun.

Nous-mêmes nous avions fait une grande faute en ne faisant pas occuper Clermont, qui est un poste à peu près aussi fort que la Côte-de-Bienne. Dumouriez en avait bien recommandé l'occupation au général Dillon, mais il était déjà trop tard.

Dans cette forêt se trouve un grand nombre de chemins de traverse, établis pour les habitants du pays; nous nous mîmes à l'abri de toutes surprises en les coupant à l'aide d'abatis et en y établissant de petits postes d'infanterie. Il y a de plus, dans la forêt, une petite rivière qui vient des montagnes et court d'un bout à l'autre; elle nous servit à pratiquer des inondations. Nous occupions le défilé en différents points avec de l'infanterie et du canon, principalement aux endroits par lesquels il nous semblait que l'ennemi pourrait déboucher. Le bourg des Grandes-Islettes est situé dans le fond de la vallée, au bas d'une colline que nous avions occupée et près de la grande route de Sainte-Menehould; nos ingénieurs tracèrent un retranchement en avant de ce point, bien qu'il eût déjà pu être défendu par les hauteurs environnantes. Je fis aussi le projet d'y faire construire une redoute, mais elle ne put être élevée qu'après la première attaque du prince de Hesse, c'est-à-dire le 17 septembre.

Quant à l'importance de ce défilé, je n'ajouterai qu'une seule remarque à ce que j'en ai déjà dit : c'est que, si l'ennemi l'eût occupé, Dumouriez eût été forcé de se retirer sur Châlons avec toute son armée et de prendre position au-delà de la Marne. Ceci eût donné à l'ennemi la liberté de faire ses fourrages dans toute la Champagne ; il se serait pourvu, au moyen de la grande route de Verdun, de provisions et de munitions de guerre de toute espèce, et de même il eût pu mettre à contribution tout le pays jusqu'à Bar-le-Duc et Vitry.

J'abandonnerai à la critique de militaires plus habiles que moi la discussion de ce qu'eût dû faire ensuite le duc de Brunswick. Cependant j'ose croire qu'il lui eût été difficile de traverser la Marne, si l'on s'était immédiatement alors joint à Kellermann, qui avait 40,000 hommes sous ses ordres (dont la plupart étaient des troupes de ligne), en outre de 20 escadrons de cavalerie.

Je reviens à nos opérations, ou du moins à celles auxquelles je pris quelque part. Je partis pour la Côte-de-Bienne sitôt que j'en eus reçu l'ordre du général Dillon, et j'y pris le commandement. Avant mon arrivée, c'était le général Dumas qui commandait ; c'était un homme jeune encore et qui était rapidement parvenu, grâce à l'amitié de Lafayette. Ce qui m'étonna le plus, ce fut de trouver toutes les troupes dans le camp et d'apprendre qu'aucun régiment n'avait de places d'alarmes. Dès le lendemain je visitai toute la position et j'assignai à chaque régiment un emplacement où il devait se rendre au premier signal du tambour sans attendre d'autres ordres. Je m'occupai ensuite des munitions de guerre ; je trouvai des hommes qui n'avaient que 7 ou 8 cartouches, d'autres qui n'en avaient pas même autant ; je fis donner 30 cartouches à chaque soldat et des fusils neufs à ceux dont les armes étaient en mauvais état. Je désignai le bataillon de la Charente-Inférieure pour occuper les fortifications qui couvraient notre front, en avant des Grandes-Islettes ; et le bataillon des Vosges reçut la mission de se placer de manière à couvrir sa retraite, dans le cas où l'ennemi attaquerait ces fortifications. Je fis aussi faire des batteries en différents endroits, bien que cela regardât plus spécialement le général Galbaud, dont le quartier était à Sainte-Menehould, et qui commandait l'artillerie. D'ailleurs je laissai tout dans l'ordre où je l'avais trouvé, si ce n'est que je fis placer deux pièces de 8 au bas de la colline et sur notre gauche, afin d'empêcher que l'ennemi ne nous attaquât en flanc, ainsi que pour couvrir notre retraite des fortifications. Quand tout fut ainsi disposé, je le fis savoir au général Dillon qui approuva complétement tout ce que j'avais ordonné.

Nous passâmes quelques nuits sous les armes parce que nous étions souvent inquiétés par de faux bruits ; mais, en somme, il ne se passa rien d'extraordinaire à ce poste, si ce n'est le 17 septembre. Ce jour-là, nous perdîmes une compagnie de grenadiers du 17e régiment d'infanterie, et 20 hussards qui avaient été envoyés au fourrage dans un village situé en avant de Clermont, par suite d'un ordre du général Dillon au colonel Lamarche, du 5e hussards, ordre par lequel ce colonel avait été investi du droit de faire de semblables excursions quand il le jugerait convenable. L'ennemi ne prit possession de Clermont que quelques jours après notre arrivée ; antérieurement, il s'était borné à y envoyer de fortes patrouilles (1).

A peu près vers cette époque nous apprîmes que le général Kellermann était arrivé avec son armée à Bar-le-Duc ; nous entendîmes une forte canonnade

---

(1) Le général Dillon fit souvent de semblables expéditions et resta quelquefois absent deux ou trois jours avec sa cavalerie ; dans l'une d'elles il m'envoya le billet suivant :

« Je vous prie, mon cher général, de déployer toute la vigilance possible. Le roi de Prusse était hier à Clermont, il en a visité tous les passages ; mais il n'a pas été plus loin. On m'a assuré qu'il avait été fort mécontent que ses généraux ne se soient pas emparés les

sur notre gauche, où se trouvait le corps du général Stengel, à environ 7 ou 8 lieues de nous. Ce général commandait un corps détaché de l'armée de Dumouriez.

Nous apprîmes aussi la mort du prince de Ligne le 12 septembre, au moment où il voulait enlever la Croix-au-Bois, que défendait le général Chagauld (1). Je ne peux pas raconter au juste les détails de cette affaire, car je ne m'y suis pas trouvé; mais ce dont je suis certain, c'est que des deux côtés il ne resta qu'un très petit nombre d'hommes. Dans une des poches du prince de Ligne se trouva une lettre inachevée dont je vais donner ci-dessous le contenu (2).

---

premiers de nos collines, en voyant que cela l'obligeait à faire un détour de 20 lieues. Maintenant Kellermann lui tombera-t-il sur le dos; il est peut-être assez imprudent pour les attaquer.

« Le 20 septembre.

« Votre sincère ami,

DILLON. » (*Note de l'Auteur.*)

(1) Lisez : *le général Chazot*; les *Réminiscences du roi de Prusse, Frédéric-Guillaume III* donnent cet événement à la date du 14 septembre. Voir la traduction que nous avons publiée de cet ouvrage chez Corréard, 1 vol. in-4°, Paris, 1848. (*Le Traducteur.*)

(2) Nous commençons à être presque tous assez fatigués de cette guerre, dans laquelle MM. les émigrés nous ont promis plus de beurre que de pain ; mais nous apprenons, au contraire, que nous avons affaire à des troupes de ligne dont pas un homme ne déserte, à des gardes nationaux qui font une grande résistance, à des paysans

Dumouriez se vit obligé d'abandonner sa position de Grand-Pré et de se retirer à Sainte-Menehould. Cette position que Dumouriez occupait à Grand-Pré était si forte, qu'avec moins de 18,000 hommes il arrêtait net le duc de Brunswick, qui n'en avait pas moins de 60,000, car le roi de Prusse ne voulait point que l'on livrât bataille. Dumouriez était persuadé qu'après la résistance que l'ennemi avait rencontrée le 12 septembre près de la Croix-au-Bois, celui-ci n'oserait pas se risquer une seconde fois à ce passage; il était d'ailleurs convaincu que le général Chazot était assez fort pour le défendre. Mais le duc de Brunswick, qui avait compris qu'il n'était possible de pénétrer en

---

tous armés et dont les uns nous tuent à coups de fusils, tandis que les autres massacrent les hommes isolés ou ceux qu'ils trouvent endormis dans les maisons. Depuis que nous sommes en France le temps est affreux, l'eau tombe à torrents chaque jour, et pour comble, les chemins sont tellement mauvais que nous ne pouvons transporter nos canons qu'à grande peine. De plus, nous sommes tourmentés par la famine; nous avons toutes les peines du monde à procurer du pain à nos soldats; la viande nous manque très souvent. Les officiers restent quelquefois 5 à 6 jours sans prendre aucun aliment chaud. Nos souliers et nos capotes sont presque tous pourris, et déjà les maladies de toute espèce ravagent et déciment notre armée. Les villages sont abandonnés et nous n'y pouvons trouver ni farine, ni eau-de-vie, ni quoi que ce soit. Je ne sais ce que nous ferons ni ce que nous deviendrons; quelquefois on se fait un petit plaisir comme moi..... (*Note de l'Auteur.*)

Champagne qu'après avoir forcé le passage, tenta un deuxième essai. Cet effort ayant réussi et l'ennemi ayant fait passer des troupes légères et des canons, Dumouriez, qui se sentit débordé par sa gauche, fut obligé d'abandonner sa position. C'est alors que le duc de Brunswick commit la plus grande faute qui fût faite pendant toute cette campagne. N'avait-il donc pas assez de perspicacité pour comprendre qu'il lui fallait attaquer Dumouriez en ce moment? Il l'aurait certainement battu, ou tout au moins il eût dispersé son armée, se fût emparé de ses bagages et de son artillerie, comme le prouvent clairement les faits ci-joints (1).

Le passage de la Croix-au-Bois est à plus d'une lieue sur la gauche de Grand-Pré. Les hussards prussiens qui arrivèrent avec de l'artillerie légère y pénétrèrent alors que l'arrière garde française y était encore, et commencèrent à la canonner sans perdre de temps. Cette attaque inopinée jeta le trouble dans toute l'armée; l'infanterie abandonna ses canons et se réfugia dans la forêt; un grand nombre de cava-

---

(1) Ceci était la conviction de Dumouriez, ainsi qu'on peut le voir par les mots d'une de ses lettres au ministre de la guerre : « Ce ne fut pas une action, mais une fuite de 10,000 hommes devant 15,000; si l'ennemi eût su profiter de ses avantages, il aurait à coup sûr dispersé toute l'armée. »

liers s'enfuirent aussi loin que leurs chevaux purent les porter; la plus grande partie du 7e dragons ne s'arrêta qu'à Châlons, à environ 10 lieues de Grand-Pré. Les canonniers se sauvèrent avec leurs pièces aussi vite que le leur permit le mauvais état des chemins, jusqu'à ce qu'enfin on soit parvenu à rassembler un certain nombre d'attelages. Une partie des bagages ne s'arrêta également qu'à Châlons. Quelques officiers de l'état-major que je vis à Sainte-Menehould restèrent plusieurs jours sans entendre parler de leurs bagages, qu'ils croyaient pris par l'ennemi. Et tous nos canons fussent tombés entre les mains de l'ennemi, s'ils n'avaient été sauvés par la bravoure extraordinaire du régiment de hussards-Chamborans, régiment qui, lorsqu'il est au complet, compte environ 500 hommes d'effectif. Je reçus cette nouvelle par quelques officiers qui s'étaient trouvés à cette retraite; ils pensaient que toute l'armée était passée à l'ennemi; mais beaucoup de fuyards vinrent à mon camp après avoir traversé la forêt; l'opinion unanime était que désormais cette armée n'oserait plus regarder les Prussiens en face; on affirmait également que le duc de Brunswick s'était trouvé en personne à l'affaire de la Croix-au-Bois.

Dumouriez rassembla son armée aussi vite que possible et prit position près de Dommartin, non loin de Sainte-Menehould, puis il envoya à Kellermann, qui s'était déjà avancé jusqu'à Châlons, la demande de s'unir à lui aussitôt que faire se pourrait.

Le prince de Hesse, qui commandait un corps de 15,000 hommes près de Clermont et occupait une partie des défilés opposés à mes postes, s'étant persuadé que cette panique était générale dans notre armée, sortit le 17 dans le but d'attaquer ma position. Il se croyait tellement sûr de la réussite, qu'il n'hésita pas à engager une partie de son bagage dans le défilé de Clermont. Dès que j'appris que l'ennemi s'était mis en mouvement, et ce fut de très bonne heure, j'écrivis au général Dillon afin de l'en instruire, mais il était impossible de le trouver, ce qui n'eût pas même été plus facile pendant la nuit, car on disait qu'il était allé à Futeau. Moi-même j'avais reçu la veille au soir l'ordre de m'y trouver à six heures du matin, car d'après on avait, à ce qu'il paraît, le soupçon qu'un mouvement serait fait par l'ennemi, et si le général Dillon ne m'avait pas donné l'ordre d'être absent de mon poste, j'aurais cru qu'il était instruit des intentions de l'ennemi (1). Je fis aussitôt rappeler par les

(1) Le 58e régiment d'infanterie a ordre de se rendre à Futeau, le bataillon des volontaires de la marine rentrera en attendant d'autres ordres. Le général Money pourra en former une réserve, sinon il les placera où il les croira le plus convenables. Je désire que le général se trouve à Futeau demain matin à six heures. Le bataillon de

tambours, et chaque régiment dut se rendre à son poste d'alarme. J'envoyai un second bataillon dans les retranchements et je renforçai également le second poste placé sur le côté droit de la forêt : je fis ensuite retirer les hussards et les postes qui se trouvaient sur le flanc du défilé. Nous aperçûmes alors l'ennemi s'avancer en deux colonnes : celle du côté de la grande route se composait de l'infanterie et de l'artillerie ; l'autre était formée de la cavalerie et fut prise en flanc par l'infanterie que j'avais dans la forêt.

Sitôt que la colonne de la grande route arriva sur le flanc de nos batteries, elles commencèrent un feu bien nourri : pendant ce temps la seconde colonne s'efforçait d'atteindre la gauche de nos retranchements, qui n'était pas aussi bien protégée. Quand je remarquai que la colonne de cavalerie était à portée d'une pièce de 4 qui était la seule pièce que j'eusse

---

grenadiers s'y rendra aussi. Le général enverra de plus deux piquets de 100 hommes chacun, pour renforcer le poste de Florent. A la pointe du jour 500 hommes des troupes de la réserve se tiendront prêts à se porter à la position dont l'ennemi tenterait l'attaque. Deux canons de la redoute (*) suivront ce détachement jusqu'au coin de la forêt d'Islettes. A. DILLON. *(Note de l'auteur.)*

(*) Comme nous n'avions pas alors de redoute il veut parler de nos retranchements qui étaient armés de quatre pièces. Cet ordre ne fut pas suivi par suite des raisons que j'ai relatées.

(Note de l'auteur.)

là, je commandai à mes canonniers de faire feu et de ne pas faire attention au feu de l'ennemi sur notre front. La cavalerie ennemie s'arrêta afin de voir l'effet que feraient leurs canons sur nos retranchements. Ainsi que nous l'avons dit plus haut, il existait entre nous et l'ennemi un petit courant d'eau situé devant notre front et qui était garni d'un petit pont; mais comme ce pont était rasé par notre artillerie, les ennemis n'osèrent pas le franchir. Une heure après arriva un officier à cheval et que je n'avais jamais vu; il me rencontra sur le front de nos retranchements, le long desquels je me promenais alors, ainsi que je l'avais déjà fait plusieurs fois dans le but de prouver à nos gens que nous n'avions rien à redouter d'un engagement à coups de canon. Ainsi que je l'ai su plus tard, cet officier se nommait Bonay : il me dit qu'il venait de la part du général Dillon, et qu'il m'apportait l'ordre de ne pas faire feu. Je lui répondis de retourner auprès du général Dillon, et de lui dire que je commandais en ce lieu, et que l'ennemi tirant sur nous à boulets et à balles, je croyais devoir en faire autant; que s'il venait lui-même il pourrait alors faire ce qu'il jugerait convenable. Mais je ne vis le général Dillon qu'après que l'engagement eut entièrement cessé; on m'affirma qu'il était arrivé dans les retranchements environ avant la fin de cette canonnade; l'engagement avait duré deux heures. Lorsque je vis

Dillon, il ne me fit aucun reproche de n'avoir pas exécuté ses ordres ; à son arrivée, il ne m'avait pas même ordonné de cesser le feu : il est vrai qu'en ce moment l'ennemi était déjà en pleine retraite. Je ne puis m'expliquer l'ordre qu'il m'avait envoyé autrement qu'en pensant que, du point où il se trouvait, il avait pu s'imaginer que nos coups tombaient trop court. Il eût été d'un effet désastreux pour nos gens de leur ordonner de cesser le feu, alors que les balles pleuvaient autour de nous ; je n'aurais pas voulu être à la place de celui qui aurait donné un tel ordre, car à coup sûr nos troupes auraient cru qu'il y avait une trahison dans ce fait, et elles s'en seraient vengées par le massacre du coupable. Tout au moins j'eusse été accusé dans ma conduite et mandé à Paris pour me justifier (1).

(1) Il est bon de placer ici un détail qui mérite de fixer l'attention. Ce monsieur Bonay arriva le lendemain dans mon quartier avec le général Dillon. Là se trouvait une femme portant le même nom que lui, et qui nous avait été envoyée comme prisonnière par l'officier commandant à Florent, parce qu'elle était soupçonnée de correspondre avec les émigrés. Bonay me pria de la remettre en liberté. Je l'envoyai devant le général Dillon, qui se trouvait à mon camp, et il lui fit aussitôt rendre sa liberté. Voici la lettre que le général Chazot m'avait écrite à ce sujet.

« Mon cher général,

« Une ordonnance du 5e hussards remettra entre vos mains

Dès que l'ennemi se fut retiré, j'envoyai le capitaine Grenier avec 100 hommes et sa compagnie de carabiniers sur la gauche, afin de poursuivre l'ennemi dans la forêt. Il lui tua quelques hommes et fit deux ou trois prisonniers. Le général Dillon et moi nous suivîmes les Prussiens avec deux canons et le bataillon de grenadiers tout le long du défilé; mais ils eurent le temps de regagner leurs retranchements de Clermont avant que nous eussions pu atteindre leur arrière-garde. Ici j'adresserai une demande à ceux qui ont quelque connaissance des usages de la guerre : Croira-t-on que le général Dillon, dans son rapport au ministère, n'ait pas plus fait mention de moi que si personne du nom de Money ne se fût trouvé sous son commandement? Et cependant il en est ainsi, car,

---

un femme de Lochère, ainsi que sa servante. Son mari est émigré depuis huit jours; son domicile est tout près de Neupour, où j'avais un poste. L'ennemi s'étant emparé de ce point, elle voulut y envoyer sa servante, afin, disait-elle, d'en rapporter de la farine. On soupçonne fortement cette femme d'envoyer à son mari des renseignements sur notre armée; peut-être même est-ce à toute autre personne en relation avec l'ennemi. Dès que j'ai appris cela, j'ai cru devoir vous l'adresser ainsi que la servante, afin que vous me donniez votre avis à ce sujet.

« Je suis, etc.,

« CHAZOT. » (*Note de l'Auteur.*)

Florent, le 15 septembre 1792.

ainsi que je l'ai déjà dit, on ne me trouve pas seulement mentionné dans le mémoire à l'Assemblée nationale (1), qu'il publia pour la justification de sa conduite après que le pouvoir exécutif lui eût, au 14 octobre, retiré son commandement. J'ai, dans le cours de cette campagne, ainsi que je l'avais souvent prédit avant de quitter l'Angleterre, trouvé plus d'une fois l'occasion de perdre ma réputation sans jamais arriver à l'augmenter... C'est si difficile de se faire connaître du public (2)! Si l'entreprise avait manqué, le blâme en serait naturellement retombé sur moi; elle a réussi, et le mérite en a été pour les autres!

Mais revenons aux opérations dans la Champagne. Le duc de Brunswick vint s'établir le 20 septembre avec toute son armée entre Dommartin et Valmy, et commença une très forte canonnade sur l'armée du général Kellermann, qui était rangée sur les hauteurs de

---

(1) *Compte-rendu* au ministre de la guerre par le général A. Dillon, suivi de son *journal* commencé à Sedan, le 30 août 1792; Paris, 1792, Migneret (in-8° de 160 p.) (rare).

(2) Selon toute apparence, le général Dumouriez, dans ses dépêches à M. Monsereau, ministre de la guerre, n'a pas seulement fait mention que le général Dillon ou moi avions repoussé l'ennemi auprès de Clermont. On lit même dans le rapport : « Des dépêches du 17 me font savoir que Dumouriez a été attaqué aux Islettes par l'ennemi, qui a été repoussé après avoir perdu du monde. (*Note de l'Auteur.*)

Valmy. Kellermann avait alors fait sa jonction avec Dumouriez depuis le 18, à ce que je crois. Cette canonnade dura plusieurs heures et fut la plus forte de toutes celles que j'aie jamais entendues. Le duc de Brunswick passa derrière ses batteries avec son armée, afin de déborder le flanc gauche du général français. Par cette manœuvre, il l'obligea à se retirer à une demi-lieue en arrière du terrain où la bataille s'était engagée, et à prendre pendant la nuit une nouvelle position à la gauche de Dumouriez. Le lendemain le duc de Brunswick alla se poster sur les mêmes hauteurs de Valmy que les Français venaient d'abandonner, et pendant quelques jours les deux armées s'observèrent mutuellement, s'attendant toutes deux à une action définitive. A la fin elles dressèrent leurs tentes si proche les unes des autres, qu'elles n'étaient qu'à une portée de canon et que les avant-postes pouvaient se parler. Quelques jours se passèrent encore dans cette position. Le duc de Brunswick était maître de la grande route qui mène à Paris, et répandait sa cavalerie jusqu'aux portes de Châlons. afin d'empêcher nos communications avec cette place (1).

(1) L'occupation de cette ville aurait dû être le principal objet des Prussiens dans l'expédition de Champagne ; car, s'ils avaient pu s'en rendre maîtres, ils auraient obligé Dumouriez à abandonner sa position et à se retirer sur Vitry. (*Note de l'Auteur.*)

Kellermann fut renforcé de toute la cavalerie que Dumouriez put lui donner, ainsi que de l'avant-garde de Dillon, ce qui était maintenant toute notre espérance, par la raison que toutes nos provisions étaient avec lui, à deux lieues de la route de Châlons. On le couvrit avec la cavalerie de Kellermann, et il arriva heureusement à Sainte-Menehould. Nous reçûmes également un convoi de Vitryet de Châlons. En même temps nous apprîmes par des déserteurs la misérable position dans laquelle se trouvait l'ennemi ; il manquait de pain et avait été obligé de manger les chevaux tués pendant la canonnade; dans les environs ils avaient enlevé aux pauvres paysans toutes les vaches et tous les porcs; enfin la dyssenterie faisait de grands ravages dans leurs rangs. Le nombre des hommes qu'ils laissèrent sur le champ de bataille dans la journée du 20 n'a pu être déterminé avec certitude ; on l'a évalué entre 3 et 400. De notre côté, la perte fut beaucoup moindre, car elle ne monta qu'à 250 hommes tués ou blessés.

Comme il ne m'avait pas été possible de tenir mon journal à jour, je ne puis pas fixer au juste l'époque à laquelle le duc de Brunswick nous envoya son premier trompette (1) : mais ceci est de peu d'importance.

(1) *Trompette*. Il est évident que l'auteur entend ici *le parlementaire*, qui est ordinairement accompagné d'un trompette.

(*Le Traducteur*.)

Le général Mansteim eut plusieurs conférences avec Dumouriez, dans la petite ville de Sainte-Menehould, et le sujet de sa mission devait être important, car chaque jour il partait des courriers pour Paris afin de demander des ordres au pouvoir exécutif. Depuis peu de temps avait commencé le règne de la Convention nationale, qui non-seulement avait accepté la déchéance du roi, mais encore avait proclamé la République française. L'effet que cette nouvelle produisit sur l'armée fut immense, et bien des officiers qui auparavant ne cachaient pas leur sympathie en faveur du pouvoir monarchique n'osaient plus maintenant dire un seul mot de politique, tandis que ceux qui n'étaient qu'à demi-républicains le devinrent tout-à-fait. Auparavant il y avait souvent de violentes discussions sur les affaires publiques : elles cessèrent entièrement dès ce jour.

Le landgrave de Hesse fit une nouvelle tentative pour pénétrer jusqu'à Sainte-Menehould. Le jour qui suivit la première attaque, le capitaine du génie Gobert commença la construction d'une redoute auprès du courant d'eau qui se trouvait devant le retranchement des Grandes-Islettes ; car j'avais bien compris que si nous ne prenions pas ce parti, et que l'ennemi s'emparât de cette position, à coup sûr il nous repousserait de celles que nous occupions et nous prendrait ensuite d'enfilade. Gobert arrêta le cours d'eau au-dessus du pont et inonda ainsi les prés en avant de la redoute. Mon désir avait été depuis longtemps de faire faire cet ouvrage, mais des causes que je ne me rappelle plus m'en avaient toujours empêché. Longtemps avant que la redoute ne fût achevée, j'y plaçai deux pièces de 4 et 60 hommes de la Charente-Inférieure; mais chaque soir j'avais la précaution de faire revenir les canons dans notre camp. Je confiai le commandement de cette redoute au colonel Lombal (1), ancien officier, décoré de la croix de Saint-Louis, et dont j'avais remarqué l'expérience et la bravoure lors de la première attaque.

Le landgrave de Hesse comprit-il que s'il attendait que ma redoute fût achevée il laisserait à tout jamais échapper l'occasion de forcer le passage, ou peut-être aussi agissait-il d'après les ordres du duc de Brunswick, qui aurait eu l'intention de livrer un engagement général contre l'armée de Dumouriez? C'est ce que je ne puis dire; mais ce que je sais, c'est que le 22 il fit marcher toutes ses forces contre nous. J'en instruisis immédiatement le général Dillon, qui arriva bientôt,

---

(1) Ne serait-ce pas plutôt *Lombard* lieutenant-colonel, commandant le 92e de ligne, qui avait fait partie de la garnison de Verdun?

(*Le Traducteur.*)

accompagné du général Galbaud, dans la maison où j'avais établi mon quartier, et par les fenêtres de laquelle nous pouvions voir tout ce qui se passait. Nos hommes se trouvèrent tous à leur poste avant que les ennemis ne fussent arrivés, et bientôt après nous ouvrîmes le feu. Le général Galbaud avait pris le commandement des fortifications; une demi-heure après arriva une de ses ordonnances prévenant que, si l'on ne pouvait pas secourir la redoute il faudrait l'abandonner. Le général Dillon m'ordonna aussitôt de m'y rendre avec deux pièces de 8, afin d'en renforcer la garnison. Je partis un moment avant et encourageai les hommes à tenir autant que possible. Je me promenai entre la redoute et les batteries ennemies, tant pour montrer à nos gens qu'ils n'avaient rien à redouter que pour reconnaître l'ordre de bataille et la position des batteries hessoises, dont une partie nous était cachée par un petit bouquet de bois; quand les canons arrivèrent, je pus indiquer au juste à nos artilleurs l'emplacement sur lequel ils devaient diriger leurs efforts. Avant cette arrivée, l'ennemi avait l'avantage, car les pièces de 4 qui étaient dans la redoute ne pouvaient l'atteindre, tandis que, comme ils avaient des obusiers et du 6, leurs coups tombaient sur nous. Mais nos pièces de 8 furent manœuvrées avec une telle rapidité et une précision si extraordinaire, qu'en moins de 10 minutes elles forcèrent l'ennemi à se retirer dans Clermont. Le général Dillon, qui arrivait au moment où le feu cessait, ordonna à nos artilleurs de les poursuivre ; le pont n'ayant été rompu que le lendemain, j'engageai le général Dillon à ne pas s'aventurer dans le défilé, car c'était ma façon de penser ; j'ajoutai d'ailleurs « que nous avions assez fait, car nous n'en étions venus aux mains que pour nous défendre, et nous avions été assez heureux en forçant l'ennemi à se retirer. » Mais malgré cela il continua à s'avancer et ne battit en retraite qu'après avoir vu qu'il n'y avait aucun avantage réel à retirer de cette poursuite. En attendant je l'avais suivi avec deux pièces de canon, afin de couvrir sa retraite en cas d'un retour offensif de l'ennemi. De part et d'autre, les pertes furent insignifiantes.

Dès que le landgrave de Hesse avait vu que nous avions amené du calibre en état de l'atteindre, il avait donné l'ordre de la retraite, et dans la suite il ne fit plus rien qui pût nous incommoder. Les Hessois travaillèrent journellement à fortifier leur position de Clermont, et nous, nous finîmes notre redoute sans aucun inconvénient. Comme je n'avais pas vu les positions respectives des armées de Dumouriez et de Kellermann, non plus que de celles du duc de Brunswick, je priai le général Dillon de me faire relever pour 24 heures par le général Galbaud, afin que je pusse visiter les camps. Le général Galbaud arriva immédiatement avec tous ses équipages. Croyait-il peut-être que mon intention était de lui abandonner mon commandement, ou le général Dillon voulait-il faire rejaillir sur lui l'honneur d'avoir victorieusement défendu mon poste? C'est ce que je ne pourrais dire, car il y eut là-dedans un secret qui me resta inconnu. Je déclarai toutefois à Galbaud que mon intention n'était pas de quitter le poste, que j'y commandais depuis que l'ennemi avait cherché à enlever le passage, et que je ne le quitterais pas avant qu'il ne se soit retiré; que tout ce dont je le priais était d'y rester pour moi pendant la journée, car pour sûr mon intention était d'être de retour le soir même. Sitôt que je fus arrivé à Sainte-Menehould, j'allai chez le général Dillon, puis chez le général Dumouriez. « Pourquoi abandonnez-vous votre poste, » me demanda ce dernier en anglais, car il me parlait toujours dans cette langue. Je lui répondis que je ne m'absentais que pour la journée, avec la permission du général Dillon, afin de vérifier les positions des deux armées, et que le général Galbaud était à mon quartier, où il commandait les postes du défilé pendant mon absence. « Non, monsieur, me répliqua-t-il, il faut que vous y retourniez; j'ai besoin du général Galbaud et je l'ai même envoyé chercher. Je vous connais très bien, et c'est pour cela que je ne veux pas que ce poste sorte de votre commandement; vous allez y retourner sur-le-champ. » Le général Dumouriez n'eût pas pu, je crois, me faire un meilleur compliment. Le général Dillon me pria de différer au moins mon départ d'une heure, afin d'examiner les camps du haut de la tour avec une longue vue : Dumouriez y consentit.

De cette tour je pus très bien observer les positions des trois armées. Je vis que l'ennemi avait fait de forts retranchements contre l'armée de Kellermann, qui de son côté avait également fortifié son camp. On parlait beaucoup alors de la retraite de l'ennemi, mais comme il se retranchait aussi bien que les autres, cela ne ressemblait pas aux dispositions d'un homme qui va battre en retraite. Comme je dînais chez le général Dillon, j'offris un pari de 100 louis que le duc de Brunswick n'abandonnerait pas la Champagne sans essayer une bataille. Les généraux Vouliers et Linche me demandèrent après dîner quel était le motif qui me faisait croire que nous aurions une bataille : je leur répondis que, suivant moi, le duc s'arrangeait de façon à tenir Kellermann en respect pendant qu'il dirigerait toutes ses forces contre l'aile droite de Dumouriez. On désirait beaucoup que j'allasse faire part de mes soupçons à Dumouriez ; mais je refusai d'abord parce qu'il devait me croire à mon poste, et puis aussi parce que plusieurs fois déjà ma façon de penser s'était trouvée opposée à la sienne sur différents sujets. Plus tard j'appris cependant que Dumouriez avait, pendant la nuit, garni son aile droite avec du canon, et que dès le lendemain il y fit construire une redoute. Un colonel d'artillerie m'affirma que de l'aile droite de Dumouriez à l'aile gauche de Kellermann il y avait environ 280 pièces de canon, dont 80 pour défendre les points faibles, et que l'ennemi en avait à peu près 250 de tous calibres.

Cependant le duc de Brunswick était maître de la grande route de Paris par Châlons et Reims, depuis le 20 septembre, par suite de la canonnade contre l'armée de Kellermann. J'arrivai à Sainte-Menehould vers une heure (au moment où les deux armées faisaient leur jonction) pour faire ma visite à Dumouriez et à Kellermann. Je parvins à trouver celui-ci : après avoir parlé de choses et d'autres, je lui demandai s'il était vrai que le duc de Brunswick fût maître de la route de Paris; il me répondit positivement; je lui dis alors qu'il était probable que nous aurions une bataille, parce qu'il n'était pas probable que le duc osât s'aventurer sur Paris, en laissant une armée de 70,000 hommes sur ses derrières. Il me répondit à peu près ces mots : « Vous avez raison, il n'ose pas traverser la Marne, » après quoi il ajouta : « La façon de penser d'un vieux militaire a toujours de l'importance. » Le général Dubouguet était à Châlons avec environ 15,000 hommes; le général Spars commandait à 10,000 soldats auprès de Notre-Dame-de-l'Épine. Le général Harville avec 15,000 se tenait près Auberion sur la petite rivière qu'on appelle la Suippe, dans le voisinage de l'arrière-garde ennemie, entre leur aile droite et Reims, observant un corps d'émigrés qui était à Sourne-Tourbe (1), et qui voulait piller cette partie de la Champagne.

Je reçus ces nouvelles d'un aide-de-camp du général Dumouriez; le général Stengel était alors à l'aile droite du général en chef, non loin de Vienne-le-Château, commandant les troupes qui formaient l'avant-garde de son armée. Il nuisit beaucoup à l'ennemi en ce point, en lui enlevant une grande quantité de bagages et de prisonniers; c'est lui qui enleva plusieurs émigrés qui s'en allèrent porter leurs têtes sur les échafauds de Châlons et de Paris. Nous ne regardions les conférences entre le général Mansteim et le général Dumouriez que comme une ruse de guerre. Une preuve suffisante pour nous était de voir l'ennemi nous faire des propositions de paix tout en même temps qu'il fortifiait son camp (2). En effet, Dumou-

---

(1) Lisez Somme-Tourbe.

(Le Traducteur.)

(2) Il est évident que Dumouriez tenait alors pour impossible une alliance entre la France et le roi de Prusse. Dans le mémoire qu'il adressa au roi de Prusse, il lui montra pourtant tous les

riez a été grossièrement trompé, s'il a cru sérieusement qu'à cette époque une alliance pouvait être conclue avec la Prusse. Beaucoup de gens avaient la sottise de croire qu'il existait alors de profondes mésintelligences entre les princes et les Autrichiens; cette version ne venait que des déserteurs et des espions, mais la vérité est que le duc de Brunswick et les princes émigrés étaient les meilleurs amis du monde (1). Les insinuations du général Manstein,

---

avantages qui pourraient résulter d'une alliance entre les deux peuples, qui avaient jusqu'à ce jour eu tant d'affection l'un pour l'autre. « Je le prie au nom de son honneur, disait-il, au nom des avantages qui en peuvent résulter pour lui et pour son peuple, d'abandonner toutes les misérables tentatives des émigrés et des Autrichiens.

(*Note de l'Auteur.*)

(1) Extrait d'une lettre du général Dumouriez :

« Je puis vous annoncer la nouvelle que le roi de Prusse est furieux de la sotte entreprise dans laquelle il s'est laissé entraîner, qu'il a donné au duc de Provence des signes certains de son mécontentement, et qu'il le traite actuellement comme un vilain homme et un poltron. Entre les Prussiens, les Hessois, les Autrichiens et les émigrés, tout marche à contre-sens ; faites savoir cela à vos troupes, ce sera plus efficace que d'écraser tous nos ennemis d'un seul coup. »

(*Note de l'Auteur.*)

Dumouriez n'était pas si mal informé que le général Money veut bien le dire ; il suffit de se rapporter à la lettre du prince

qui chaque fois qu'il arrivait au camp de Sainte-Menehould dînait chez le général Dumouriez, consistaient à lui faire accroire que le roi de Prusse quitterait l'armée, qu'il avait été trompé par les émigrés, qui cherchaient à lui persuader que cette révolution avait été faite par une faction, mais qu'elle serait bientôt terminée, par la raison que l'armée était opposée à la révolution, et qu'elle s'unirait aux Prussiens pour la combattre. « C'était, ajoutait-il, avec cette intention que le roi de Prusse était entré sur le territoire français ; mais maintenant il avait la preuve du contraire en voyant qu'aucune désertion n'avait lieu, et que partout le peuple se soulevait contre lui. La Prusse avait été jusqu'ici l'alliée de la France, et son roi ne voyait aucun empêchement à ce qu'elle le fût de nouveau. »

La position des Prussiens était alors la plus favorable que pussent désirer leurs ennemis. Un grand nombre d'hommes mouraient de la dyssenterie, et comme ils n'avaient pas d'hôpital plus rapproché de

---

Charles de Ligne : de consulter les *Réminiscences du roi de Prusse* dont j'ai parlé dans une note précédente, et aussi un autre ouvrage paru en Allemagne en 1794, et dont une traduction a été publiée en France chez Forget, en l'an III, sous le titre de *Campagnes du duc de Brunswick contre les Français en 1792.*

Note du Traducteur.

Grand-Pré, on évacuait un grand nombre sur Verdun, mais presque tous mouraient en route. Les chevaux périssaient faute de fourrages. Le pain y était d'un prix tellement excessif, que même pour un louis d'or on avait peine à se procurer une ration. Le général Dillon envoya du pain, du sucre et du café pour la table du roi de Prusse. Quant au vin, au thé, au café et au sucre, il était impossible à qui que ce soit de s'en procurer dans le camp prussien, même en le payant son pesant d'or.

Notre armée n'était pas tout-à-fait exempte de maladie, mais nos hommes se rétablissaient promptement, et très peu perdirent la vie de la dyssenterie. Les vivres étaient distribués assez régulièrement, et jamais le pain ne nous manqua. La viande de bœuf ne manquait presque jamais. Toute la France était en mouvement pour pourvoir aux besoins de l'armée.

Le général Dumouriez s'attendait cependant à être attaqué, une fois pour toutes, car il envoya tous ses gros bagages à Vitry. Si nous eussions été tout-à-coup obligés de changer de position à la Côte-de-Bienne, mon corps eût été placé dans une situation fort critique entre les Hessois, qui étaient devant lui, et les Prussiens, qui eussent été derrière notre arrière-garde. Ayant cru m'apercevoir que l'intention de Dumouriez était de se retirer à Vitry, j'écrivis au général Dillon afin de m'entendre avec lui sur notre retraite, si nous étions obligés d'en venir là. Quand je vis Dumouriez, je lui communiquai ma façon de penser à ce sujet : non-seulement il ne se fâcha pas, mais encore il m'assura que mon plan était parfaitement combiné dans le cas où il songerait à se retirer. « Mais, ajouta-t-il, je ne veux pas entendre parler d'une retraite, je veux, au contraire, combattre au lieu même où je me trouve. »

De son côté, le duc de Brunswick se préparait égament à une attaque, et l'on peut affirmer avec certitude de ne pas se tromper, qu'il ne cessa d'y songer que peu de temps avant sa retraite. Il comprit bien que plus il retarderait la bataille, plus Dumouriez et Kellermann seraient en état de lui résister avec avantage, et par les travaux d'art qu'ils faisaient construire de jour en jour, et par les troupes qui de tous les points de la France accouraient grossir leur armée. Certainement, si son intention était de livrer une bataille, il devait le faire dès le 20, après la canonnade de Valmy, avant que l'impression n'en fût effacée dans l'armée de Dumouriez, car je ne doute point que la retraite de Kellermann n'y eût produit un très fâcheux effet : mais les deux armées françaises ne tardèrent pas à reprendre tout leur courage, surtout en voyant que l'ennemi hésitait tant à les attaquer.

Depuis mon retour en Angleterre, on m'a souvent

adressé une question à laquelle je vais répondre ici : Comment, demandait-on, le duc de Brunswick eût-il pu pénétrer en Champagne, sans avoir des magasins suffisants? Il aurait dû profiter de la panique qu'avait produite son attaque sur l'arrière-garde de Dumouriez; il pouvait espérer, par cette promptitude, de forcer Dumouriez à accepter le combat avec une armée encore en désordre, et avant qu'il n'eût pu opérer sa jonction avec Kellermann. Et certainement, en agissant comme je viens de le dire, il aurait forcé le passage de Clermont et aurait eu des provisions suffisantes pour le trajet si court qui lui restait à faire.

Le duc fit paraître un troisième manifeste avant de quitter la Champagne, et cela même alors qu'on était en pleine conférence avec les généraux français. Dumouriez y répondit en faisant savoir que dorénavant on ne parlerait plus autrement qu'à coups de canon. Les officiers de notre armée disaient que, si le duc de Brunswick avait obtenu les résultats qu'avaient annoncés ses sanglantes espérances, il n'aurait pas mieux continué à annoncer clairement qu'il venait rétablir l'ancienne forme de gouvernement.

A cette réponse énergique et audacieuse de Dumouriez, le duc envoya un nouveau parlementaire, accompagné d'un trompette, à Sainte-Menehould, lequel parlementaire venait assurer que les intentions du duc et du roi avaient été mal comprises; en conséquence de quoi ils priaient qu'on rouvrît les conférences. Dumouriez n'y voulut point consentir. Le 29 septembre, le duc de Brunswick leva son camp; Dumouriez et Kellermann en firent autant et se tinrent prêts à recevoir la bataille, ignorants qu'ils étaient des intentions de l'ennemi; cependant il était peu présumable qu'il voulût en venir aux mains, puisque depuis plusieurs jours tous ses bagages avaient filé sur Grand-Pré. Toutefois il ne se retira que lentement; peut-être était-ce par suite du pitoyable état dans lequel se trouvaient les attelages de leur artillerie (1). Quelques centaines de chevaux furent trouvés morts dans le camp, et la route de Grand-Pré était couverte des cadavres des autres.

Pendant plusieurs jours il leur avait été impossible de se pourvoir de fourrages, et les pauvres paysans, dont on avait mis les montures en réquisition, n'obtinrent pas la permission d'en aller chercher, tant on

---

(1) Extrait d'une lettre : « La route sur laquelle ils se retirent est couverte d'hommes et de chevaux morts; les camps qu'ils ont abandonnés et que nous avons visités ressemblent à un immense cimetière; nous y trouvâmes plus de 300 chevaux qui étaient à moitié dévorés. Cependant c'est de ce camp que Brunswick publiait cet insolent manifeste dans lequel il parlait encore de dicter des lois au peuple français. »

(Note de l'Auteur.)

craignait qu'ils ne revinssent pas ; c'est pour cela qu'un si grand nombre de chevaux périrent.

L'ennemi fut poursuivi par le général Bournonville, à la tête d'un corps considérable de cavalerie, d'infanterie légère et d'artillerie à cheval ; on tira plusieurs fois sur l'arrière-garde, mais on obtint peu d'effet de ces canonnades ; on fit un grand nombre de prisonniers et l'on enleva beaucoup de bagages (1). Sitôt que Dumouriez eut appris que le corps principal des Autrichiens s'était séparé des Prussiens et s'était mis en marche sur Luxembourg, il en conclut que ce corps avait l'intention d'opérer dans les Pays-Bas, et renvoya au camp de Maulde (près de Valenciennes) toutes les troupes qu'il en avait amenées ; une forte partie de l'armée les suivit de près dans cette marche. Quant à lui, il se rendit à Paris afin de s'entendre avec le pouvoir exécutif sur les opérations ultérieures.

Les Hessois restèrent en face de moi jusqu'au 2 oc-

---

(1) « Bournonville affirme qu'en moins de deux jours on a pris à l'ennemi plus de 400 hommes, de 200 chevaux et de 50 voitures. Tous les malheureux prisonniers sont en proie à la dyssenterie et presque mourants de faim ; à Verdun, il y a plus de 5,000 malades, et on en compte près de 8,000 à Grand-Pré. » Extrait d'un journal français.

(*Note de l'Auteur.*)

tobre; le général Dumouriez avait donné l'ordre au général Dillon de s'avancer jusqu'à Passavant avec son corps de cavalerie, lui recommandant en outre de prendre les bataillons d'infanterie qui seraient les plus propres à une marche forcée, et de s'établir promptement sur le flanc gauche des Hessois. Cette manœuvre eut l'effet qu'il en attendait. Le général Neuilly, qui commandait la cavalerie, attaqua à Banecourt (1) un poste d'infanterie hessoise composé d'un officier et de 30 hommes, et les sabra tous à l'exception de l'officier, auquel il sauva la vie. D'après ma façon de penser, cette excursion lui eût fait plus d'honneur s'il eût sauvé la vie à tous les hommes qui lui demandaient grâce à genou, au lieu de se vanter, ainsi qu'il le fit dans la suite, d'en avoir tué plusieurs de sa propre main.

Comme le landgrave de Hesse ne savait pas quelle était la force du corps qui se trouvait sur sa gauche, et qu'il s'imaginait que c'était l'avant-garde entière de l'armée de Dumouriez, il décampa pendant la nuit, et se rapprocha de Verdun, prenant place sur les hauteurs qui sont en avant de cette ville. Je n'appris ce

(1) Après avoir attentivement consulté la carte de l'état-major général, je crois qu'il faut lire Barécourt.

(*Le Traducteur.*)

mouvement des Hessois qu'au jour ; je montai sur-le-champ à cheval, et prenant avec moi la grande garde des hussards, j'ordonnai au bataillon de la Charente-Inférieure et au corps de chasseurs de Ranconnas de me suivre. J'arrivai entre 6 et 7 heures à Clermont, et j'écrivis immédiatement au général Dumouriez à Sainte-Menehould pour lui apprendre la retraite des Hessois, et lui faire savoir que j'avais pris possession de leur position de Clermont. J'écrivis également au général Dillon à Passavant, où je présumais qu'il devait alors se trouver, car je ne l'avais point vu depuis plusieurs jours. A dix heures j'écrivis une seconde lettre à Dumouriez, afin de savoir s'il était content que j'eusse levé le camp de la Cote-de-Bienne, et que je me fusse porté au passage de Clermont. Il me répondit que j'avais bien agi et m'envoya huit bataillons de sa réserve, lesquels devaient rester avec moi. A peine étaient-ils arrivés que je reçus l'ordre du général Dillon (il avait poursuivi l'ennemi par la route de Dombasle) de me mettre sur-le-champ en route afin de venir le rejoindre. Nous n'arrivâmes à Dombasle que fort avant dans la nuit ; on délibérait sur ce que nous avions à faire, ou rester en ce lieu ou retourner à Dombasle, quand nous reçûmes la nouvelle inopinée que l'ennemi se présentait très nombreux sur notre gauche, dans les environs de Varennes. Comme ce mouvement pouvait facilement nous couper nos fortifications avec Clermont, il fut résolu que nous y retournerions sur-le-champ, ce qui fut aussitôt exécuté. A 4 heures du matin nous avions repris notre position.

Le lendemain nous fûmes renforcés par Dumouriez, de manière à présenter un effectif de 16,000 hommes. Cette armée, qui prit le nom d'armée des Ardennes, marcha le 4 sur Dombasle, et le lendemain 5 arriva sur les hauteurs de Sivry-la-Perche. Le lieutenant-général Diettmann commandait l'aile droite, qui se composait de 8 bataillons de grenadiers; je commandais l'aile gauche, forte de 7 bataillons; le colonel Dumas avait la division du centre, et le géné-Neuilly l'avant-garde. La veille, quelques-unes de nos troupes légères avaient occupé un village sur la droite de Sivry. Comme l'ennemi ne nous croyait pas si près de lui, il fit sortir des troupes du camp de Regret près de Verdun, afin d'aller occuper ce poste; nous ne faisions qu'arriver à Sivry-la-Perche quand commença la canonnade. Une ordonnance ne tarda pas à arriver, prévenant le général Dillon que, si l'on n'était promptement soutenu, on serait obligé de battre en retraite. Comme le général Dillon se trouvait précisément absent, je priai le général Diettmann, qui ne s'en souciait guère, de détacher un bataillon et deux pièces de 8 de son aile gauche, et je me rendis moi-même au point attaqué afin de décider sur ce qu'il y aurait à faire. Comme j'étais à examiner la position de l'ennemi avec le général Neuilly, qui de son côté avait envoyé un corps de cavalerie pour soutenir nos gens, je remarquai que le 5e bataillon de grenadiers de ma division s'était mis en marche avec ses canons, sous le commandement d'un des adjudants-généraux du général Dillon, sans en avoir reçu l'ordre du général Diettmann ou de moi.

Les adjudants-généraux de Dillon avaient l'habitude de donner des ordres pendant l'absence de leur général, tout comme s'ils commandaient l'armée. Je fis arrêter ce bataillon, ce qui n'eut pas l'air de trop convenir au capitaine Deville, qui le commandait et me répétait qu'un adjudant-général de Dillon lui avait donné l'ordre de secourir les troupes attaquées. Je lui répondis que je ne doutais point qu'il n'eût reçu cet ordre, mais que j'étais parfaitement sûr que le général Dillon n'était pas présent quand cet ordre avait été donné, l'ayant laissé dans son lit lors de mon passage à Dombasle, et que d'ailleurs je prenais toute responsabilité sur moi.

Je fis donc marcher ce bataillon vers le flanc gauche de la colonne hessoise, et marcher deux pièces de 4, sous la protection de la cavalerie. On tira sur l'ennemi avec ces pièces, mais m'étant aperçu qu'elles ne l'atteignaient pas, je les fis retourner à leur bataillon, auquel je donnai l'ordre de s'arrêter là où il se trouvait, afin d'empêcher l'ennemi de s'avancer d'avantage. En même temps j'envoyai ordre au bataillon qui avait des pièces de 8 de s'avancer dans une gorge formée par les deux collines, afin de n'être pas aperçu de l'ennemi. Je montai sur l'une de ces collines et j'aperçus deux escadrons de Hessois assez rapprochés pour qu'on pût les atteindre. C'est dans cette position que se trouvaient nos troupes quand le général Dillon arriva de Dombasle ; il était alors une heure. Il ne comprenait pas pour quel motif je voulais me servir de pièces de 8, cependant elles furent utilisées contre l'ennemi. D'après un ordre qu'il donna, d'autres bataillons se mirent en mouvement ; ce que voyant, l'ennemi se retira dans son camp, qu'il avait fortifié de différents côtés. Le chemin qui y menait était un défilé bordé de forêts à droite et à gauche. Le général Dillon m'ordonna de m'avancer avec deux bataillons sur le flanc du passage opposé à celui où l'ennemi se tenait avec deux bataillons également, m'enjoignant de le suivre et de marcher parallèlement à lui. Nous avançâmes jusqu'à ce que l'on fît feu sur nous des retranchements hessois, retranchements qui rasaient parfaitement le défilé. Quand le général Dillon vit l'impossibilité où nous nous trouvions d'avancer d'avantage, il nous donna ordre de retourner dans notre camp, d'autant plus qu'il pleuvait extrêmement fort.

J'ai appris que le général Dillon avait été blâmé de ne pas avoir attaqué les Hessois dans leur camp, mais je puis affirmer avec certitude que leur position était véritablement imposante. En admettant que nous les eussions chassés, notre perte eût été très considérable et nous n'eussions pas pu pousser bien loin notre avantage, car ils auraient trouvé une protection assurée sous les canons de Verdun.

J'ai omis un détail qui aurait dû trouver sa place avant ce qui précède. Le général Kellermann avait laissé un corps de troupes aux environs de Bar-le-Duc, sous le commandement du général Borrobier (1), afin de contenir l'ennemi de ce côté. Ce corps s'avança lorsque l'ennemi se fut retiré de Clermont; il était actuellement sur le flanc gauche des alliés; ses tirailleurs avaient bordé la forêt sur la droite de leur camp, à eux, et comme nous étions à Sivry-la-Perche, ils en venaient journellement aux mains avec les ennemis. Dillon renforça le corps du général Borrobier de deux bataillons de ma division, et lui fit occuper un pont, sur la Meuse, que les ennemis avaient négligé de détruire. L'armée de Kellermann se réunit à nous le 11 octobre, et défila à notre droite pour passer la Meuse sur le pont; quand l'ennemi entendit

---

(1) Lisez Labarollière.

(*Le Traducteur.*)

parler de l'approche de cette armée, il abandonna les hauteurs en avant de Verdun et traversa cette ville à dix heures de la nuit. Le duc de Brunswick était alors en marche par Grand-Pré, Stenay et Dun, à cinq heures de distance à peu près de nous, sur notre gauche. Les Autrichiens avaient pris la route de Stenay et Longwy à Luxembourg. Le roi de Prusse était en personne à Verdun. Chaque jour nous apercevions différents corps de troupes sur l'autre rive de la Meuse, dont l'ennemi était encore maître. Nous n'avions eu qu'une crainte, c'était que le duc de Brunswick ne nous attaquât avant que l'armée de Kellermann n'arrivât; mais l'armée alliée était dans un état trop misérable pour tenter cette entreprise, et d'ailleurs nous étions toujours en état de regagner les défilés de Clermont en moins de trois heures. Le manque de vivres avait réduit les Prussiens à la plus malheureuse des situations; les paysans s'étaient armés et en tuaient journellement un grand nombre qu'ils surprenaient isolément dans les villages où ils venaient chercher des gîtes et des vivres; c'est ainsi que beaucoup de déserteurs, qui voulaient se joindre à notre armée, furent massacrés par les habitants.

Nous avions commis une grande faute, quand après avoir dépassé Sivry nous avions négligé de rompre le pont de Consenvoie, car il servit aux ennemis pour exécuter plusieurs fourrages; ils enlevèrent également un grand nombre de bœufs et de moutons, et quelques-uns de ses partisans arrivèrent même jusqu'au milieu de Bethenville, où était mon quartier-général. Je fus obligé par deux fois de marcher sur eux pour les repousser (1). Mais je n'avais pas assez de monde pour oser attaquer le poste qu'ils avaient près du pont, car ce poste était garni de six pièces d'artillerie.

Dès que le général Dillon eut appris la retraite des Hessois pour Verdun, il fit avancer, sous le commandement du général Diettmann, une portion de l'armée à laquelle il adjoignit l'avant-garde, afin d'occuper la position qu'abandonnaient les ennemis, et me donna l'ordre de suivre Diettmann avec le reste de nos troupes (2).

---

(1) « On m'a dit, mon cher général, que l'ennemi a passé le pont de Consenvoie avec un bataillon de chasseurs, et qu'il a l'intention de marcher sur Malancourt, Marre et Cumamière ; ne perdez pas un instant pour vous rendre en ces lieux, et établissez-vous de votre personne avec le 6e régiment dans les environs de Chalancourt (*).

« A. DILLON. »

Le 9 octobre. (*Note de l'Auteur.*)

(*) Il faut lire Cumières et Chatancourt.

(*Le Traducteur.*)

(2) Mon cher général, on dirait, à voir les mouvements de l'ennemi, qu'il veut reprendre l'offensive. Laissez donc sans retard

Le général Dillon somma le jour même la ville de Verdun, et le jour suivant on réussit à la faire capituler. Deux compagnies de grenadiers, l'une de l'armée de Dillon, l'autre de l'armée de Kellermann, devaient occuper les postes principaux de la ville, et le général Galbaud eut l'ordre de visiter les canons et les munitions de guerre qui s'y trouvaient, et de faire son rapport sur ce sujet. Par un des officiers de ce prince, qui avait été fait prisonnier près de Clermont, le général Dillon avait écrit au landgrave de Hesse une lettre dont les ennemis profitèrent pour exécuter un projet auquel ils pensaient depuis longtemps (1). Ils

---

marcher à Saint-Barthélemy, sous le commandement du colonel Dumas, les quatre bataillons que j'ai demandés. Faites également partir toute l'armée, qui, en attendant les tentes, pourra camper sur la place où le camp doit être établi. On se mettra en toute hâte en état de résister sur ce terrain.

A. DILLON.

A midi, le 11 octobre. *Note de l'Auteur.*

(1) Lettre du général Dillon au landgrave de Hesse :

J'ai l'honneur d'envoyer à S. E. le landgrave de Hesse le lieutenant Lindau. Le landgrave pourra voir, par ce que lui dira cet officier, que la nation française est toujours grande, toujours magnanime, qu'elle sait apprécier les belles actions et qu'elle estime la bravoure jusque dans ses ennemis. Je profite de cette occasion pour suggérer à Son Altesse les réflexions que conseillent l'humanité et la raison. Elle ne peut méconnaître qu'une nation en masse a le droit de se donner la forme de gouvernement qui lui

le mandèrent à Paris afin qu'il expliquât sa conduite; on désirait surtout lui reprendre son commandement. Lorsque Dumouriez était encore à Sainte-Menehould, le pouvoir exécutif l'avait engagé à envoyer à Paris un officier expérimenté, avec lequel on pût délibérer

---

convient et que, dans ce cas, aucune volonté individuelle ne saurait prévaloir. La nation française étant libre et complétement indépendante, a enfin résolu d'user de son droit en changeant sa forme de gouvernement. Ceci est l'expression fidèle de ce qui se passe en ce moment chez nous. Son Altesse de Hesse-Cassel a conduit un corps de troupe contre notre patrie; prince, il sacrifie ses sujets pour une cause qui lui est étrangère; soldat, il devrait remarquer la position dans laquelle il se trouve. Cette position est dangereuse pour lui, car il est presque enfermé. Je lui fais la proposition d'abandonner le territoire français en se mettant dès demain en route pour ses États par le chemin le plus court. Je lui procurerai toutes les facilités nécessaires pour passer en sûreté à travers l'armée française, qui occupe un grand nombre de postes devant lesquels il faudra nécessairement qu'il se présente. C'est une proposition sincère sur laquelle j'attends une réponse formelle. La nation française sait pardonner une erreur, mais elle sait aussi se venger sans pitié de ceux qui auraient eu l'idée de ruiner sa patrie (*).

A. DILLON.

(*) C'est par suite de l'accusation que cette lettre avait fait porter contre lui, que le général Dillon publia le *Compte-rendu au ministre de la guerre*, dont nous avons parlé dans une note précédente.

(*Le Traducteur.*)

sur les opérations ultérieures. Dumouriez avait désigné Dillon, mais celui-ci refusa (il prévit le piége et toutes les suites qu'il pourrait avoir, s'il acceptait cette mission), donnant pour raison que ce n'était pas un ordre positif, et que d'ailleurs son honneur voulait qu'il restât présent à l'armée. Mais cette fois il n'y avait plus moyen de ne pas obtempérer à l'ordre donné.

La situation de Verdun n'est pas généralement connue. Cette ville est située dans une vallée sur les rives de la Meuse, et entourée de collines qui la dominent; je ne crois pas que les troupes qui en formaient la garnison soient bien coupables pour l'avoir

---

Réponse du Landgrave.

Monsieur,

Le landgrave de Hesse est persuadé de la sincérité des propositions que vous lui faites, surtout d'après votre conduite si noble et si généreuse à l'égard du lieutenant Lindau. Son Altesse m'a chargé de vous en temoigner sa reconnaissance la plus vive, comme d'une action qui fait honneur à votre humanité et à votre talent. Mais comme Son Altesse regarde les événements qui se passent en France sous un autre point de vue que vous, le reste de votre lettre est d'une telle nature que je ne saurais y répondre.

J'ai l'honneur d'être, Monsieur, avec un profond respect, etc.

(*Note de l'Auteur.*)

laissé conquérir par les Prussiens, non plus que Beaurepaire, l'officier qui y commandait et qui se brûla la cervelle lorsque cette ville fut forcée de capituler : car la garnison n'y était pas assez forte pour la défendre même pendant quelques jours. La faute qui y fut commise, et qui se commet presque partout où la même chose arrive, est d'avoir laissé la défense de la place à la garde nationale. Ceux qui la composent défendraient en effet beaucoup mieux tout autre point que leur propre pays, où ils risquent la ruine de leurs propriétés, et sont retenus par leurs femmes et leurs enfants ; à coup sûr ils sont ébranlés par les alarmes des leurs, et ce fut cela qui fut la cause d'une reddition aux Prussiens beaucoup plus prompte que s'il y avait eu d'autres défenseurs. Les ennemis, après avoir pris Verdun, avaient une excellente occasion de pénétrer en Champagne par le défilé de Clermont, mais ils ne surent pas en profiter.

Mais revenons aux opérations militaires. Kellermann traversa la ville le lendemain du jour où elle avait capitulé, et aussitôt que les Prussiens et les Hessois se furent retirés. L'ordre pour cette marche est le dernier que donna le général Dillon, avant que de se rendre à Paris (1). Dans cet ordre, il comman-

(1) *Ordre pour la marche du 14 et du 15 octobre, l'an premier de la République.*

Les différents camps doivent être levés le 15 au matin à

dait que les bagages précédassent l'armée, ce qui força les troupes à rester pendant huit jours sur les glacis de la ville ; ce long retard fut surtout occasionné par le bris de quelques voitures et par d'autres accidents occasionnés par le dépavement de la ville, dépavement qui avait changé les rues de Verdun en rivières de boue. Ce ne fut que très tard que nous parvînmes au

---

6 heures précises. Sitôt que les voitures seront chargées, tous les équipages se mettront en marche sur deux colonnes. Les bagages des grenadiers du 3e bataillon de la Meurthe et du 3e bataillon des Ardennes, ainsi que les bagages de la cavalerie, devront partir par le chemin qui passe par Glorieux ; les bagages des autres bataillons prendront la grande route de Verdun. Quand ces deux colonnes arriveront aux portes de la ville, elle la traverseront sans s'arrêter et se dirigeront du côté de Saint-Michel. Pour la traversée de la ville, le citoyen Harville les recevra sur le glacis de la Porte-de-France; l'adjudant-général Masroy dirigera la colonne des bagages du grand camp; l'adjudant-général Egmont conduira les bagages des grenadiers, et l'adjoint à l'adjudance-générale, le citoyen Chateau, ceux de la cavalerie.

L'armée se mettra en route à 9 heures précises. La première division, sous les ordres du lieutenant-général Diettmann, occupera la tête de la colonne. Le reste des divisions qui a fait partie du grand camp suivra la division du colonel Dumas, et marchera au centre de la colonne; ensuite viendra la division du général Money. A l'entrée de la ville le 6e régiment de grenadiers prendra la tête de cette dernière division. Le 6e régiment de dragons se tiendra en bataille pendant que l'infanterie défilera, et se joindra

camp, dont la distance n'était que de près d'une lieue. En traversant la ville, les bagages n'avaient pas seulement été retardés par le mauvais état des rues, mais aussi par les fausses directions qu'ils avaient prises. Comme il pleuvait excessivement fort, les troupes passèrent une fort mauvaise nuit, d'autant plus que beaucoup de régiments, n'ayant pas reçu leurs tentes, ne pouvaient pas se procurer d'abri.

Pendant la longue et inutile halte que nous avions

---

ensuite à elle. Il est particulièrement recommandé au général Neuilly de faire arrêter tout officier ou soldat qu'il rencontrerait dans la ville, et de le faire conduire comme prisonnier à Belle-Ville, où sera le quartier-général. La cavalerie marchera comme avant-garde à la tête de la première division. Quand l'armée aura tracée son camp aux environs de Belle-Ville, les 2e et 10e régiments de dragons s'en iront cantonner dans les villages de Grand-Bras et de Petit-Bras, les volontaires de Stenay et les fédérés occuperont le village de Flaurry (*). Le 5e régiment de hussards partira à 6 heures du matin de Châteaucourt (**), et se rendra de suite par Verdun à Fléaux; il fera halte en avant du camp sur la côte Saint-Michel. Le général Lamarche fera rester au quartier-général quatre ordonnances de ce régiment.

Au quartier-général, 14 octobre. A. DILLON.

Maintenant que le général Dillon n'est plus, ce que je dis de lui ne saurait lui faire de tort : je puis donc, sans avoir l'air de vouloir lui nuire, dire tout ce qui en est de lui. Quoique je servisse longtemps avec lui et que je fusse sous son commandement

(*) Lisez *Fleury*. (*Le Traducteur.*)

(**) Lisez *Chatancourt*. (*Le Traducteur.*)

eue sur le glacis, j'abandonnai ma division, et avec l'autorisation du général Diettmann, j'entrai en ville afin de donner les ordres nécessaires pour achever la traversée des bagages et aplanir tous les obstacles qui pouvaient la ralentir. Etant parvenu à faire marcher les voitures, je retournai au glacis pour parler au général Dillon. Il était alors de fort mauvaise humeur, venant de recevoir son rappel pour Paris, et me demanda comment il se faisait que j'eusse abandonné ma division : je lui répondis que c'était afin d'accélérer la marche du convoi, et de pouvoir

---

immédiat, il n'a jamais fait mention de moi dans ses différentes dépêches à l'Assemblée nationale. Un jour qu'étant à Bruxelles avec le général Dumouriez, je lui exprimai ma façon de penser sur cette manière d'agir : « Que voulez-vous? mon cher général, me répliqua-t-il, Dillon n'a jamais cherché à conquérir la faveur populaire que pour lui. » La jalousie ne cessa jamais de régner entre Dillon et Dumouriez, ou plutôt celui-ci était malintentionné à l'égard de Dillon. Je ne saurais mettre en doute qu'il eût été facile de persuader à Dillon de passer à l'étranger : car plusieurs fois, lorsque nous étions au défilé de Clermont, il me parla de façon à me faire comprendre que je devrais partir avec lui : mais je repoussai cette proposition par le motif bien naturel qu'ayant servi contre l'empereur pendant la révolte du Brabant, si j'étais passé à l'étranger, il est fort probable que j'aurais subi le sort de Lafayette, et que j'aurais été condamné à périr dans quelque cachot de l'Allemagne.

(*Note de l'Auteur.*)

mettre l'armée en route après une attente de 7 heures. Il n'eut pas l'air d'être content de ce que j'avais fait, aussi m'en retournai-je à la tête de mes troupes, laissant aller les choses comme elles voudraient.

Le lendemain l'armée de Kellermann, qui se trouvait à notre droite, se prolongea dans la direction de Longwy par Etain. Notre armée, sous le commandement du lieutenant-général Diettmann, se dirigea sur la même ville, mais par le chemin de Pillon. Nous arrivâmes à Chaumont, où nous campâmes sur le lieu même que l'ennemi venait d'abandonner. En route, nous avions rencontré en plusieurs endroits des traces indiquant que les ennemis y avaient brûlé des munitions de guerre. Nous trouvâmes aussi quelques morts recouverts de paille, et un assez grand nombre de chevaux dont les cadavres étaient étendus çà et là sur la route, indices évidents de la triste position des ennemis. Vers le soir arriva le général Valence, qui prit le commandement de l'armée. A Chaumont nous apprîmes que l'ennemi était campé à Pillon, environ à deux milles de nous. Le détour qu'il avait pris le conduisit dans une terre glaise où il eut à surmonter toutes les difficultés imaginables. Ce terrain était si détrempé, que le général Diettmann, qui avait reçu l'ordre d'aller l'attaquer, fut obligé de revenir à nous faute d'avoir pu faire marcher son artillerie. Les paysans nous indiquèrent un autre chemin, mais l'avant-garde, commandée par les généraux Neuilly et Lamarche, était sur les talons de l'ennemi et culbutait son arrière-garde à Mangiennes. Ils l'avaient attaquée avant qu'elle eût eu le temps de détruire le pont de l'Artaine, ce qui aurait dû être fait depuis plusieurs heures, et ce qu'elle ne faisait que d'entreprendre lorsque nos hommes commencèrent à tirer sur elle. Cette négligence de sa part aurait pu entraîner la perte de l'arrière-garde prussienne, si les généraux français ne s'étaient pas laissé tromper, ainsi que nous allons le voir, par les positions que prirent cette nuit les deux armées de Valence et de Kellermann.

Les généraux Neuilly et Lamarche passèrent le pont de Mangiennes et se mirent à la poursuite de l'ennemi ; dès qu'ils virent que nous étions assez rapprochés pour les soutenir, ils marchèrent sur les Prussiens stationnés près de Pillon, et canonnèrent leur arrière-garde. Alors le général Mansteim arriva accompagné d'un trompette, pour dire à MM. Neuilly et Lamarche qu'il avait conclu avec Valence et Kellermann une convention par laquelle les troupes prussiennes devaient quitter la France sans rencontrer de difficultés, et que Longwy devait être rendu. Le général Lamarche lui répondit qu'il ne savait rien de cette convention, et que par conséquent il ne croyait pas devoir cesser le feu. Le général Mansteim demanda qu'on lui accordât au moins le temps nécessaire pour faire prier le duc de Brunswick de venir lui-même confirmer ce qui venait de leur être annoncé. Lamarche accorda ce temps, et le duc étant survenu affirma au général Lamarche qu'en effet la convention avait été conclue, et que Longwy serait rendu. Sur ces entrefaites, le général Valence étant arrivé, les généraux Valence, Neuilly et Lamarche accompagnèrent le duc de Brunswick, dînèrent avec lui et conclurent la capitulation de Longwy. Cette place fut livrée aux troupes de la République, le 22 octobre 1792.

On aura peine à trouver dans les annales de l'histoire l'exemple de deux généraux qui se soient laissé tromper aussi parfaitement que nous venons de le voir. Ces généraux, dont l'ennemi avait ainsi abusé, ou, pour mieux dire, dont il s'était si parfaitement trompé, cessèrent de considérer les Prussiens comme ennemis de la France. L'arrière-garde prussienne, qui se composait d'à peu près 20,000 hommes, se trouvait, comme je l'ai déjà dit, dans l'état le plus déplorable, par suite des maladies et de la perte de presque tous leurs chevaux d'artillerie. Il faut encore considérer quelle était la position dans laquelle nous les rencontrâmes entre Pillon et Longwy : ils étaient forcés de traverser une forêt et un chemin de terre glaise tout detrempé; ce que nous apprîmes plus tard. L'armée de Kellermann, avec 15,000 hommes, était alors à environ une lieue sur la gauche des Prussiens, et il eût pu très aisément, pendant cette nuit, les dévancer à Longwy, de façon qu'il eût nécessairement coupé la ligne de retraite de toute l'armée du duc de Brunswick. Valence était si proche de leur grande garde, que l'on pouvait communiquer de vive voix ; en un mot notre armée, qui était forte de 18,000 hommes, était à moins d'une portée de canon du duc de Brunswick. Carra et Sillery, deux commissaires de la Convention Nationale, se trouvaient alors avec nous; ils ratifièrent le traité que Kellermann et Valence venaient de conclure; il est à présumer qu'eux seuls en étaient véritablement les auteurs. Il est vraisemblable aussi que leur consentement à ce traité fut la cause du peu de connaissance qu'en eut la Convention. Carra dormait dans ma chambre et soupait avec moi. Nous eûmes seul à seul un entretien de près de deux heures, dans lequel je lui fis connaître mon mécontentement de ce qu'on venait de faire; il me répondit que dans un pareil traité, un général républicain devait considérer plutôt l'intérêt du pays que son propre honneur; que l'on désirait conquérir avant tout l'amitié de la Prusse, et que par des mesures indulgentes on espérait y arriver. Rien, selon lui, n'importait tant à la France que de se lier avec la Prusse pour écraser la maison d'Autriche. Ceci était sans doute une spéculation fort chimérique, cependant la nature humaine est ainsi faite que l'on espère toujours ce que l'on désire. Nous parlâmes ensuite du roi : il croyait que très probablement on lui ferait son procès; je lui fis connaître que j'avais l'espérance qu'on n'irait pas jusqu'à lui enlever la vie. Bien que quelques personnes excitassent à ce dénouement, il n'y pouvait croire lui non plus. Je lui répondis que, selon moi, le mieux qu'on pût faire serait de l'envoyer dans quelque ville des frontières de l'Espagne, de lui donner un revenu digne d'un prince et une garde de 1,000 hommes, ajoutant que, si on le faisait périr, ce ne serait pas un moyen sûr d'arriver au but que l'on se proposait, attendu qu'il existait à l'étranger plusieurs héritiers de la couronne ; en un mot j'employai toutes les raisons que je crus pouvoir produire quelque effet sur lui, pour lui prouver que cela porterait préjudice à la nation ; et je suis intimement convaincu qu'en ce moment Carra était du même avis que moi, bien que j'aie plus tard appris qu'il se trouvait au nombre de ceux qui ont voté la mort de cet infortuné monarque (1).

---

(1) Carra vient de perdre lui-même la tête sur un échafaud. (*Note de l'Auteur.*)

Deux causes auxquelles peut-être tout le monde n'a pas songé ont vraisemblablement exercé une grande influence sur l'Assemblée nationale. On savait que la plupart des généraux et que beaucoup d'officiers de la troupe de ligne penchaient pour le gouvernement monarchique, et l'on croyait qu'en se débarrasssant du roi l'on préviendrait une guerre civile, du moins pendant la minorité du dauphin. En second lieu (et cette deuxième cause vaut la peine d'être citée), toutes les puissances de l'Europe refusaient de reconnaître la République française (bien que les Prussiens l'aient fait implicitement par la capitulation de Verdun et de Longwy), et l'Assemblée croyait que le roi mort, la République serait reconnue sans conteste, du moins c'était là le premier de ses désirs. Les officiers s'imaginaient que du moment où les généraux du roi de Prusse eurent signé les traités de reddition de Verdun et de Longwy avec la République française, personne n'hésiterait plus à lui donner son adhésion ; la suite nous a appris qu'ils étaient complétement dans l'erreur.

Je ne fais ces réflexions que pour montrer à mes lecteurs les causes qui eurent le plus d'influence sur l'issue de cette campagne, issue qui, sans elle, eût à coup sûr été bien différente.

Le jour suivant nous séjournâmes à Pillon, afin que les Prussiens eussent tout le temps nécessaire pour se retirer, et je crois pouvoir affirmer que tout le reste du temps qu'ils passèrent sur le territoire français, nous n'échangeâmes pas un coup de fusil, et peut être eût-il été plus avantageux pour la nation française que ses armées n'allassent pas plus loin, et qu'après un aussi heureux succès elle montrât de la modération et donnât la paix à l'Europe; mais elle était trop fière pour croire qu'un revers pût jamais l'écraser.

Le 20 octobre, l'armée de Valence marcha vers le Petit-Sivry, village situé à une bonne demi-lieue sur la gauche de Longwy, tandis que le général Kellermann prenait position sur la droite de cette ville. Les deux généraux s'en furent rendre une visite au duc de Brunswick à Martin-Fontaine (1), et c'est là que fut signée la capitulation de Longwy. Les généraux Valence et Kellermann furent très amicalement reçus; le fils aîné du duc de Brunswick reconduisit même au camp français l'épouse du général Valence, laquelle

(1) Il y a là une double erreur : 1° il faut lire *Jardin*-Fontaine et non pas *Martin*-Fontaine; 2° ce bourg se trouve être non pas un faubourg de Longwy, mais bien de Verdun. L'auteur a donc confondu.

(*Le Traducteur.*)

à son tour le retint à dîner (1). Personne ne doutait que l'on ne parvînt à faire alliance avec les Prussiens; pour moi, dans les circonstances où nous nous trouvions, j'avoue que cela me paraissait pourtant assez invraisemblable, d'autre part, il est vrai que les Prussiens et les Autrichiens étaient en ce moment-là fort mal ensemble; mais cependant comment admettre qu'il puisse exister une grande confiance entre des troupes depuis si longtemps habituées à se considérer comme ennemies?

Après la capitulation de Longwy, le général Valence en fit lire les articles à l'armée (2).

---

(1) C'était la fille de madame de Genlis.

(Le Traducteur.)

(2) Le général Valence, ayant promis à son armée de lui faire connaître la capitulation de Verdun, ordonne que les articles en seront lus à toutes les compagnies.

« S. M. le roi de Prusse s'étant résolu à évacuer la ville et la citadelle de Longwy, on s'est arrêté à la capitulation suivante conclue entre nous :

« Le citoyen français Cyrus Valence, lieutenant-général de la République française, et le comte Kalkreuth, lieutenant-général de S. M. le roi de Prusse, tous deux revêtus des pouvoirs nécessaires :

« Art. 1er La Porte-de-France de la citadelle de Longwy sera ouverte aux troupes françaises le 22 de ce mois, et toute la ville sera évacuée 24 heures après.

« Art. 2. Toute l'artillerie et les magasins seront remis dans

Il faut que je revienne encore ici en quelques mots sur l'état misérable dans lequel se trouvait l'armée prussienne. Ceux qui suivirent la route de Longwy, que les Prussiens avaient prise, ne pouvaient pas suffire à compter le nombre de cadavres de chevaux

---

le même état où ils se trouvaient avant la prise de la ville. Un officier que le général Kellermann désignera sera chargé de les recevoir.

« Art. 3. Le général Kalkreuth désignera un officier pour donner des renseignements sur le départ des troupes après qu'elles auront dépassé la porte de Bourgogne, afin qu'il soit possible de parer à tous les empêchements.

« Art. 4. Quant aux malades et aux propriétés particulières, on se conformera à ce qui a été conclu par la capitulation de Verdun (*).

« Art. 5. Si par hasard il arrivait quelque accident imprévu, cela ne changerait rien aux articles de la présente capitulation. Les coupables seront punis, et tout restera dans l'état actuel.

« Art. 6. Pour donner plus d'autorité à cet acte, il sera revêtu du sceau de la nation française et de celui de S. M. le roi de Prusse.

« Au camp de Martin-Fontaine, le 18 octobre 1792.

« Signé : VALENCE, lieutenant-général de la République française.

« Comte KALKREUTH, lieutenant-général de S. M. le roi de Prusse. »

(*Note de l'Auteur.*)

(*) La capitulation de Verdun porte que chaque Prussien

qu'ils rencontrèrent dans leur marche; le peu de maisons qui bordaient la voie publique étaient encombrées de mourants; beaucoup étaient étendus sur le grand chemin morts ou en proie aux douleurs de l'agonie. L'air était infecté d'exhalaisons cadavériques, et communiqua non-seulement aux troupes, mais encore à tous les habitants du pays, la maladie qui ravageait l'armée prussienne. Il ne se trouvait peut-être pas dans les troupes françaises un soldat ou même un officier qui n'eût ressenti quelque incommodité; mais, grâce à la manière de vivre de ces troupes, la maladie n'y causa point les ravages qu'elle produit ordinairement dans les armées, et je suis fort étonné que les autres nations n'imitent point en cela les Français (1).

A cette époque, voyant bien qu'il n'y avait plus

---

pourra emporter intégralement tout ce qui lui appartient, et qu'après leur entière guérison les malades seront renvoyés à leur armée munis d'un sauf-conduit des généraux français, sans que sous aucun prétexte ils puissent être considérés comme prisonniers de guerre.

(Le Traducteur.)

(1) Il est à regretter que l'auteur ne soit pas entré dans des détails plus explicites sur cette manière de vivre, qui probablement n'est pas connue dans les autres armées.

(Note de l'éditeur allemand.)

rien à faire de ce côté, je demandai au général Valence la permission de quitter l'armée et d'aller rejoindre le général Dumouriez, qui se trouvait sur les frontières de Flandre. Je dois avouer ici que je préférais à mon grade de général dans les armées françaises, la liberté et l'indépendance des Pays-Bas. J'avais la confiance des principaux personnages du pays : j'avais déjà commandé une de leurs armées, j'y pouvais donc raisonnablement espérer un commandement important, si l'on parvenait à rétablir le congrès. Le général Valence répondit à ma demande que très probablement il allait lui être ordonné de marcher sur les frontières du Brabant, afin d'opérer de concert avec Dumouriez, et qu'il avait l'espoir que je ne l'abandonnerais pas. Deux motifs me firent consentir à rester avec lui : le premier était la bonne opinion qu'il avait de moi et l'amitié qui nous unissait; le second fut que la troupe avait appris à me connaître, la plupart étant ou ayant été sous mon commandement, et que j'avais su gagner la confiance du soldat et de l'officier.

Nous restâmes cinq jours à Petit-Sivry, sans que personne en pût deviner le motif, ce qui ne laissa pas que de mécontenter beaucoup de monde. En effet, nous perdîmes là un temps précieux : nous aurions donc pu arriver cinq jours plus tôt aux frontières du Brabant. Depuis que la reddition de Longwy avait eu lieu, il n'y avait plus rien qui pût nous retenir. L'armée de Kellermann était déjà plus nombreuse que celle des Prussiens, et les Autrichiens s'étaient retirés bien loin de nos frontières. Les Hessois étaient alors auprès de Luxembourg, et assez éloignés des Prussiens pour ne pouvoir les secourir à temps, s'il était venu à l'idée de ceux-ci de rompre le traité conclu pour la capitulation de Verdun. Je ne puis donner à notre retard d'autre motif que l'adresse toute polie et tout amicale avec laquelle le duc de Brunswick sut se jouer de la crédulité de Valence et de Kellermann. La folie de laisser les Prussiens sortir sains et saufs de France n'échappa point au général Custine, bien que dans son accusation contre Kellermann il ait donné d'autres motifs qui n'existaient pas (1).

Le général Valence, soit qu'il craignît que cette inaction fut remarquée par le pouvoir exécutif, soit qu'il désirât opérer encore, envoya les généraux Neuilly et Lamarche dans la province de Luxembourg, avec une forte partie de son avant-garde, afin

---

(1) Cette accusation, ou plutôt cette dénonciation de Custine contre Kellermann, se trouve au *Moniteur* ainsi que dans plusieurs autres journaux de l'époque.

(*Le Traducteur.*)

d'attaquer un gros d'Autrichiens qui était campé auprès d'un bourg appelé Vorton. Il fit également partir le lieutenant-général Diettmann avec six bataillons de grenadiers pour soutenir Neuilly et Lamarche. Les ennemis, après avoir fait un simulacre de résistance, furent chassés de Vorton, dont les pauvres paysans éprouvèrent toutes les misères que ceux de la Champagne avaient eues à subir de la part des Prussiens, c'est-à-dire le vol, le pillage et toutes les horreurs de la guerre.

Après que Longwy eut été remis en nos mains, et que l'on y eut installé une garnison française, l'armée se dirigea le 27 octobre sur Montmédy (1), où

---

(1) Ordre du 26 octobre.

Au quartier-général, à Longwy, une heure du matin.

A 7 heures, les ingénieurs qui doivent tracer le camp se réuniront à la gauche de l'armée française. M. Egmont, adjudant-général, est chargé de les conduire à Montmédy, où ils trouveront l'adjudant-général Auverres, qui les conduira sur leur terrain et les aidera dans leurs opérations. A 8 heures du matin, l'armée se mettra en marche dans l'ordre suivant :

L'aile droite, sous le commandement du général Money, ouvrira la marche. Les escadrons du 18e régiment prendront la tête de la colonne, jusqu'à ce quils arrivent sur les hauteurs de Flavigny, où un escadron prendra la route de Marville à Montmédy. M. Pontier enverra un des autres escadrons de ce régiment pour l'escorte des bagages.

nous fîmes une halte d'un jour ; de là elle se rendit à Carignan, puis à Sédan. Dans cette marche, nous fûmes rejoints par le général Diettmann ainsi que par l'avant-garde. Le général Kellermann fut dirigé avec son armée sur Thionville, afin d'y observer les Prussiens ; il y resta jusqu'au moment où il fut rappelé à Paris pour se justifier des accusations de Custine. Mais comme les commissaires de la Convention avaient, ainsi que lui, signé le traité qui laissait échapper le duc de Brunswick, on passa outre aux accusations et on lui donna même le commandement

---

Un régiment de cavalerie complet ; le parc d'artillerie ; la troisième division d'infanterie ; la deuxième division ; les bagages de l'armée ; le reste des régiments de cavalerie fermera la colonne.

Le 2e bataillon du Nord, qui était cantonné à Saint-Laurent, se mettra en route de façon à se réunir à la colonne sur la chaussée de Marville, où il prendra place entre le 17e et le 4e bataillon d'infanterie. Le 58e et le 8e d'infanterie, qui sont cantonnés à Longwy, se mettront en route à 7 heures du matin pour être au camp de Sivry à 8 heures, et fermeront la colonne d'infanterie. M. Desbrulys est chargé de conduire toute la colonne à Montmédy. M. Chateau est chargé des équipages. M. Marotte partira avec les ingénieurs et visitera avec soin les terrains du camp ainsi que les positions ; fera un rapport qui devra être remis à M. Desbrulys à son arrivée au camp, de façon à ce que celui-ci puisse immédiatement assigner leurs emplacements aux régiments.

de l'armée du Sud. Valence ne fut l'objet d'aucune accusation, parce qu'il était le gendre de Sillery, un des commissaires de la Convention, et que celui-ci avait une grande influence sur la majorité de l'Assemblée.

Le 9e bataillon de chasseurs, qui est cantonné à Marville, devra se joindre à l'arrière-garde; en arrivant au camp il recevra sa destination.

DE RORGUE (adjudant-général).

(*L'auteur.*)

ARMÉE DES ARDENNES.

BATAILLONS DE LIGNE.	BAT. DE GARDES NATIONAUX.	CAVALERIE.	TROUPES LÉGÈRES.	BATAILLONS DE GARNISON.
Le 6e bataillon,	2e des Ardennes,	7e régim. à 2 esc.	9e bat. de chasseurs,	1er bataillon de Varennes,
» 17e »	1er de la Charente-Infér.	16e id.	150 chasseurs du 53e régiment de ligne,	200 fédérés de Marienbourg,
» 25e »	1er de la Haute-Vienne,	18e id.	50 chevaux du 47e,	Les dépôts du 47e et du 18e à Givet,
» 38e »	1er d'Ille-et-Vilaine,	21e id.	100 fédérés parisiens,	Les dépôts du 43e et du 5e parisiens à Charlemont.
» 43e »	1er de Loire-et-Cher (1),	2e dragons id.	Une comp. franche d'Egron,	*N. B.* Cette armée fut renforcée plus tard par la légion de Mazinsky et les garnisons de plusieurs villes.
» 45e »	1er de la Mayenne,	10e id.	La légion des Ardennes,	L'adjudant général :
» 47e »	2e de la Meurthe,		150 fédérés,	DESBRULYS.
» 56e »	3e de la Meurthe,		La compag. franche de Rankonnet.	
» 58e régiment ainsi qu'un bataillon de grenadiers.	2e du Nord,			
	1er et 3e de la Sarthe,			
	2e de Saône-et-Loire,			
	5e des Vosges,			
	1er batail. des grenadiers nationaux.			
10 bataillons.	13 bataillons.	Les régiments forment 12 escadrons.		

(1) L'édition allemande que nous avons sous les yeux porte : *Loire et Chos*, l'édition anglaise : *Loire et Ch.* — Il ne nous a pas été difficile de rectifier cette erreur. (*Le traducteur.*)

SOUVENIRS

DE LA

CAMPAGNE DE 1792.

DEUXIÈME PARTIE.

Mon intention était primitivement de faire paraître la première partie de l'histoire de la campagne de 1792 au mois d'août 1793, époque à laquelle tout le monde me semblait fort curieux de savoir par quelles causes le duc de Brunswick avait évacué la Champagne sans oser livrer bataille ; mais ayant donné mes manuscrits à revoir à l'un de mes amis, il me retint en me disant : « Vous devez vous souvenir que vous défendiez un poste très important dans le défilé qui avoisine Clermont, poste qui fut deux fois attaqué par le landgrave de Hesse, et dont il fut deux fois repoussé. Cela pourrait vous nuire plus que vous ne le croyez, car, bien que je sois de votre avis et que je pense que nul ne doit agir par trahison, quand bien même sa fidélité lui coûterait la vie, il y a cependant des gens qui pensent autrement que nous sur ce point, ce que feraient certainement les ministres de S. M. ; tout au moins se serviraient-ils, comme prétexte, de vos services en France et de la publication de vos souvenirs, pour ne plus vous employer. Continuez donc à écrire cette campagne, car si d'ici là vous n'êtes pas employé, je crois que vous n'aurez plus rien à espérer, que vous serez libre de publier ce que vous voudrez, et je suis certain que tout ce que vous offrirez au public sur cette campagne sera bien accueilli, attendu que votre récit partira d'un spectateur désintéressé. »

Son avis, que je n'hésitai pas à reconnaître pour bon, et la position critique dans laquelle se trouva le général Dillon furent les motifs qui arrêtèrent la publicité de ce qui précède, mais je repris la plume et je continuai à écrire les faits extraordinaires de cette campagne, jusqu'au moment où les troupes prirent leurs quartiers d'hiver à Liége, à Limbourg, à Luxembourg, etc., probablement même continuerai-je l'histoire de cette guerre, attendu que j'avais conservé des correspondances avec des officiers d'un grade supérieur, et avec des personnes éminentes qui avaient servi dans les armées de Flandre.

Après la capitulation de Longwy, l'armée s'avança vers Montmédy et Carignan, et se trouva le lendemain auprès de Sedan. Cette route ne présenta rien d'extraordinaire, mais nous étions encombrés de malades, et la plupart de nos hommes manquaient de chaussures, attendu que celles qui avaient été livrées par les fournisseurs étaient si mauvaises qu'elles ne pouvaient plus servir au bout de vingt-quatre heures. C'est à peine si les semelles étaient un peu plus épaisses que le cuir supérieur, même il y en avait un grand nombre dont les semelles étaient de cuir ordinaire tout simplement imprégné de colle, afin de présenter de la raideur au toucher.

Nous restâmes trois jours à Sedan, où l'on fit donner à nos hommes tout ce qu'il fut possible de se procurer ; pendant ce séjour, on s'occupa également de la réparation de l'habillement. Quelques-uns de nos régiments de ligne ayant leurs dépôts à Sedan et à Montmédy, on put distribuer des vestes et des capotes à ceux qui en avaient besoin ; il y avait également des dépôts d'un certain nombre de bataillons de la garde nationale. Nous quittâmes Sedan dans un assez bon état, si ce n'est qu'on n'avait pu nous y procurer tous les souliers dont nous avions besoin. Je n'oublierai jamais la sortie de cette ville (1); nous avions sur la route de la boue jusqu'au dessus du genou (2); la plus grande partie de nos hommes portèrent leurs souliers dans leurs mains; les femmes marchèrent dans la boue après avoir retroussé leur robe jusqu'à la hauteur de cette fange, et pourtant chacun allait sans le moindre murmure. Je rencon-

---

(1) *Ordre du 30 au 31 octobre.*

Au quartier-général à Sédan.

La deuxième division rompra son camp à 6 heures du matin, et quittera ses cantonnements de manière à pouvoir se mettre en marche dans l'après-midi, dans l'ordre suivant :

Les 7e et 18e régiments de cavalerie marcheront en tête et formeront une colonne séparée. Les bagages de la 2e division suivront et seront déchargés, ainsi que ceux de la 1re, sur le glacis de Mézières; il en sera de même du jour suivant où ils seront menés à Rocroy et déchargés sur les glacis de cette forteresse. M. Egremont conduira les bagages de sa division ; il fera prévenir l'adjudant-général Desbrulys de son arrivée; celui-ci les recevra. Chaque régiment enverra une escorte plus forte qu'à l'ordinaire auprès de ses bagages.

Cette division sera sous le commandement du général Money. M. Trugny et Egremont resteront avec cette division.

(*Note de l'Auteur.*)

(2) D'une demi-aune de profondeur, dit l'auteur.

(*Le Traducteur.*)

trai quelques-unes de nos voitures, chargées de soldats; comme cela était contre l'ordre, je leur demandai s'ils étaient malades, ils me répondirent que non, mais en même temps et comme excuse de leur désobéissance, ils me montrèrent leurs pieds que le mauvais état du pavé avait tout ensanglantés. Je les consolai du mieux que je pus, en leur donnant l'espérance que nous ne tarderions pas à recevoir des souliers de Paris, et que nous trouverions de meilleures routes de Mézières à Rocroy. La marche que nous faisions en ce moment était la plus dure que nous eussions encore faite; car, indépendamment du déplorable état des routes, il ne cessa pendant tout le jour de tomber de l'eau, et de plus nous avions la figure coupée par le vent. La misère des malheureuses femmes qui suivaient l'armée ne saurait se décrire; leur courage était à bout et leurs fatigues pouvaient se lire sur leurs visages.

Les hommes étaient tristes et silencieux; beaucoup d'entre eux abandonnaient leurs corps pour prendre à travers champs ou suivre des petits chemins de traverse; personne n'osait le leur défendre. En un mot chacun cherchait, le plus promptement possible, le cantonnement qu'il devait occuper.

Rocroy est une ville assez bien fortifiée (1). Le

(1) Rocroy, place forte de troisième classe, sur un plateau élevé

général Valence renforça son armée d'un régiment de ligne qui s'y trouvait en garnison, et désigna, pour le remplacer dans cette ville, un de nos bataillons de gardes nationaux. On devait penser que des gens qui avaient tant souffert désiraient se reposer quelque peu. Mais loin de là, le commandant de ce bataillon vint me prier de permettre à ses hommes de rester avec l'armée ; le général Valence n'y voulut point consentir; mais, malgré sa défense, cet officier suivit l'armée jusqu'à Givet, et, à la fin, obtint la permission de rester avec nous pour lui et pour ses hommes. Je crois que ce seul exemple suffit pour montrer le zèle et l'amour de la gloire qui animaient les Français. A partir de Rocroy, une partie de l'armée se dirigea sur Mariembourg et une autre par Fumay (1), et le jour suivant par Givet.

Cette ville est située sur la Meuse, qui la divise en deux parties; ses fortifications sont très fortes ; Char-

---

de 493 m. et entouré de bois, domine le passage de Fumay à Maubert et les routes de Mariembourg et Chimay. Condé y battit les Espagnols le 19 mai 1643, et les Prussiens s'en emparèrent en 1815. Hôpital militaire. Pop. 4,000 hommes.

(*Le Traducteur.*)

(1) Le texte allemand et le texte anglais portent Famay, il faut lire Fumay.

(*Le Traducteur.*)

lemont est située sur une hauteur au-dessus de Givet, c'est une des places les plus fortes que j'aie vues en France. Il s'y trouve aussi une côte que l'on nomme « *la Côte-d'Or* (1), » et qui domine la plus grande partie de la ville de Givet, qui est située de l'autre côté de la Meuse. Mariembourg est une petite place qui appartient à l'évêché de Liége; elle est située dans la forêt des Ardennes, sur un sol infertile et pierreux; cependant on n'y voit aucune trace de pauvreté, car il s'y trouve des mines de fer qui rapportent beaucoup; le pays ne produit pas une quantité suffisante de céréales pour la nourriture de ses habitants, qui sont forcés d'en acheter dans les provinces voisines.

---

(1) Ce n'est pas « la Côte-d'Or, » mais « le Mont-d'Haure, » qu'eût dû écrire le général Money. Givet et Charlemont ne forment qu'une place de première classe, située sur les deux rives de la Meuse, et qui ne peut servir qu'à tenir le cours de la rivière à cause de sa position à la pointe d'un saillant très aigu que forme la frontière de France. Givet est le nom de la partie de la ville située sur la rive droite; Charlemont le nom de celle qui se trouve sur la rive gauche; un pont de pierre les fait communiquer. Charlemont, qui est à vrai dire la citadelle de Givet, est sur une montagne haute et rocheuse. Non loin se trouvent le fort des Vignes et le camp retranché du Mont-d'Haure.

(*Le Traducteur*.)

Le temps était devenu fort beau quand nous quittâmes Rocroy; aussi nos gens étaient-ils tout-à-fait remis à Givet. Nous restâmes 5 à 6 jours dans ce lieu, ce qui nous fit perdre beaucoup de temps, parce que l'ennemi ne se trouvait auprès de nous qu'en nombre insuffisant pour nous faire obstacle. A Druance, petite ville située près de Dinant, se trouvait un poste de quelques hussards. Le général Valence résolut de l'enlever; en conséquence, il donna l'ordre au général Lamarche de partir avec le 5e régiment de hussards, et un bataillon de gardes nationaux, et de passer la Meuse auprès de Dinant. Il m'envoya avec le 16e régiment de cavalerie et le bataillon des Vosges à Falming-Rouce, sur l'autre rive du fleuve, afin de repousser l'ennemi qui devait se trouver auprès de Dinant. Cet entreprise eût été fort bien conçue, s'il s'y était trouvé des ennemis, mais nous n'en rencontrâmes point; d'ailleurs le général Lamarche eût manqué son but, attendu qu'il n'avait pas pris le véritable chemin de Druance. Dans la nuit chacun de nous rentra dans son quartier, sans avoir seulement tiré un coup de fusil; il paraît que l'ennemi s'était retiré d'un autre côté.

Ce fut alors que je fis au général Valence la proposition d'envoyer un corps de troupes à quelques milles allemands de Givet, afin de détruire des magasins que les ennemis avaient établis, dans un endroit qui se trouvait sur la grande route de Namur à Luxembourg. Cela leur eût porté un grand préjudice, parce que c'était le point qui reliait leurs communications avec Luxembourg. Valence tomba d'accord avec moi sur l'opportunité de ce fait d'armes, qu'il qualifia même d'excellente idée militaire; mais il ajouta qu'il lui était impossible de l'exécuter, attendant d'heure en heure, disait-il, les ordres du général Dumouriez. Un certain M. Smith, de Liége, que je n'ai jamais vu, bien qu'il fût avec nous, et qui était le plus exalté des républicains, a dit depuis, à ce qu'il paraît, que le général Valence voulait marcher sur Liége avec son armée, et qu'il en avait fait part au général Dumouriez. Je crois que c'était là une dangereuse expédition, parce que nos communications avec Givet eussent pu être coupées, soit par la garnison de Namur, soit par le voisinage de Luxembourg.

On a souvent dit que les Français n'avaient jamais eu un officier aussi expérimenté que le général Boucher, qui avait servi sous les ordres du maréchal de Saxe; c'était ce militaire qui commandait à Givet.

Pendant notre séjour à Givet, nous apprîmes le succès de la bataille de Jemmappes (1). Il y avait diffé-

---

(1) Le 6 novembre 1792.

(*Le Traducteur.*)

rentes versions sur l'évaluation des pertes; mais je n'entendis jamais dire que la perte des Français eût été moindre de 5,000 morts ou blessés; celle des Autrichiens était à peu près égale. On exaltait surtout la bravoure des hussards de Chamboran, qui avaient attaqué les Autrichiens dans leur redoute, et qui, le sabre au poing, en avaient escaladé les parapets. A coup sûr, la gloire dont s'était couvert ce régiment était fort grande, et ils avaient montré une miraculeuse bravoure en Champagne, mais je crois que l'ennemi avait dû abandonner la redoute avant qu'ils ne fissent ce que l'on a raconté, ou tout au moins qu'un feu beaucoup plus nourri que le leur avait obligé leurs batteries à se taire, car je ne puis me faire l'idée d'une cavalerie heureuse dans l'attaque d'une redoute bien défendue et bien construite (1).

---

(1) A la Moskowa une redoute fut également prise par de la cavalerie; mais il est bon, pour prouver l'intelligence du général Money, ce qui, à la rigueur, n'est peut-être pas nécessaire pour la plupart de nos lecteurs, de dire un mot de ce fait, qui est généralement présenté dans nos écoles comme si la cavalerie eût escaladé les remparts, ce qui est matériellement impossible. Une redoute couvrait le mamelon en avant de Chewardino, véritable volcan, d'où pleuvait une grêle de feu et de plomb qui renversait des bataillons ennemis; les batteries françaises ne pouvaient en arrêter l'effet; toute notre armée était arrêtée par ce terrible

Nous reçûmes enfin l'ordre de marcher sur Charleroy ; si cet ordre eût été donné dès notre arrivée à Givet et que Dumouriez eût renforcé son armée de 10,000 hommes, la bataille de Jemmapes n'aurait pas eu lieu, et l'on eût ainsi épargné la vie de 9 à 10,000 combattants, car nous aurions pu tomber sur le flanc gauche des Autrichiens à Mons, de telle sorte qu'ils eussent été tellement en danger d'être coupés de Louvain, qu'ils eussent difficilement trouvé une ligne de retraite pour abandonner la Flandre.

Le marquis du Châtelet, officier autrichien, a dit

---

obstacle ; l'empereur s'obstinait à ne pas vouloir faire donner sa garde ; Murat, au désespoir, appelle la cavalerie de Montbrun : ce général était tué, Caulaincourt le remplaçait. « Vous voyez, lui dit le roi de Naples, le nouveau flanc des Russes, il faut l'enfoncer jusqu'à la hauteur de la grande batterie ; là, pendant que la cavalerie légère poussera son avantage, vous tournerez subitement à gauche avec les cuirassiers, et vous prendrez à revers la terrible redoute dont le feu écrase encore le vice-roi. » Caulaincourt s'élance et culbute tout ce qui lui résiste ; tournant bientôt à gauche, comme le lui a prescrit Murat, il se précipite par la gorge de l'ouvrage ; frappé d'une balle à son entrée dans la redoute, sa conquête devient son tombeau ; mais pendant que s'exécutait cette charge décisive de nos cuirassiers, l'infanterie d'Eugène accourt, entre dans l'ouvrage, se hâte de s'y affermir et la journée est à nous.

(*Le Traducteur.*)

qu'après la prise de Namur, ils avaient tellement craint une semblable manœuvre, que la garnison de Tournay avait par trois fois abandonné la ville, et que l'armée s'était apprêtée à se retirer sur Bruxelles; mais Dumouriez n'était point un Turenne pour les manœuvres ; son seul talent consistait à prendre une bonne position et à y ranger convenablement ses troupes en bataille.

Cependant comme l'ennemi ne se sentait pas assez fort, il abandonna Charleroy à la seule annonce de notre approche, et se retira sur Néville (1). La grande armée ennemie, après la bataille de Jemmappes, s'était concentrée dans une très forte position auprès de Halle (2), et elle avait eu le temps de rappeler à elle toutes ses garnisons de Flandre. Mais comme notre corps d'armée était à Nivelle et que Dumouriez menaçait leur front, les Autrichiens tinrent pour plus prudent de se retirer à Bruxelles, où ils ne restèrent

---

(1) Il faut lire Nivelle, bien que les deux textes portent Néville; dorénavant je mettrai partout « Nivelle. »

(*Le Traducteur.*)

(3) Hal ou Halle, sur la Senne, au point où la route de Mons à Bruxelles dirige un embranchement sur Tournay et Lille par Ath et Leuse. La géographie de Rudtorffer écrit Haux et lui donne une population de 5,000 hommes.

(*Le Traducteur.*)

que quelques heures. Plusieurs jours auparavant, l'archiduchesse s'était rendue à Louvain escortée de toute sa cour. Le général Dumouriez poursuivit l'ennemi jusqu'à Bruxelles ; mais il n'y fit son entrée que le lendemain du jour où les Autrichiens l'eurent abandonné (3). S'il eût fait plus de diligence, il eût pu s'emparer de magasins considérables que les ennemis laissèrent piller par leurs propres soldats, ou qu'ils abandonnèrent à vil prix à ceux des habitants qui en voulurent; et il eût surpris dans la ville presque toute l'infanterie et les hussards plongés dans l'ivresse. Du moins plusieurs personnes de Bruxelles me l'ont affirmé.

Lorsque j'eus appris que l'ennemi venait d'abandonner Bruxelles et Dumouriez d'en prendre possession, je demandai au général Valence l'autorisation de m'y rendre, afin de chercher mon fils qui s'y trouvait comme élève de l'Académie royale. Le général Valence, qui désirait lui-même conférer avec Dumouriez, partit avec moi pendant la nuit ; nous nous fîmes accompagner d'une escorte de cavalerie, parce que nous craignions d'être arrêtés par les hussards ennemis dans le bois des Sablons ; nous arrivâmes à Bruxelles de fort bonne

---

(3) 13 novembre 1792.

(*Le Traducteur.*)

heure (sur les deux heures du matin), sans avoir rencontré âme qui vive ; mais la veille même, il y avait eu un engagement dans le bois, non loin d'Anderton, engagement à la suite duquel l'ennemi l'avait abandonné pour se retirer à Louvain. Le général Valence m'avait offert d'aller servir sous ses ordres, si je le désirais, au siége de Namur, mais il n'ignorait pas que je désirais avoir le commandement de l'ex-armée du Brabant. Le lendemain, nous allâmes faire visite au général Dumouriez ; il me reçut fort amicalement. J'avais vu son manifeste publié à Mons, par lequel il s'engageait à n'apporter aucun changement dans la constitution des provinces-sud des Pays-Bas. Je lui proposai donc de rappeler l'armée qui avait été dissoute (1) ; le lieu de rassemblement eût été à Nivelles, et je désirais avoir quelque temps pour la réorganiser. Mon projet obtint son approbation, et il envoya sur-le-champ un adjudant-général à la commission (qui s'était rassemblée la veille), à l'effet d'en obtenir le rappel de cette armée ; mais cet adjudant-général ne tarda pas à revenir nous apprendre que les membres

---

(1) Money veut parler ici de l'armée brabançonne, armée qui avait été levée lors de l'insurrection de la Belgique contre la maison d'Autriche, et dans laquelle il avait servi.

(*Le Traducteur.*)

de la commission s'étaient séparés. Dumouriez me dit alors qu'il fallait attendre qu'ils se fussent rassemblés de nouveau. Je n'ai jamais douté que la promesse de Dumouriez ne fût sincère, quand il affirmait ne vouloir en rien se mêler du gouvernement de ces provinces; mais pour son malheur et celui de toute l'Europe, les enthousiastes enragés de Paris, ivres du succès de leurs armées, désiraient s'emparer de toutes ces contrées afin de les unir à la France. Quels autres hommes, ayant un peu de sens commun, pouvaient s'imaginer que les autres puissances, avec lesquelles nous n'étions pas en guerre, regarderaient ces conquêtes d'un œil indifférent, bien que jusqu'alors elles eussent gardé la neutralité. C'était leur orgueil qui leur avait suggéré cette idée, elle les conduisit bien plus loin encore; ils crurent que toute l'Europe accepterait leurs principes diaboliques de liberté et d'égalité; des officiers de l'armée disaient à chaque instant : « On plantera bientôt l'arbre de la liberté en Angleterre. » Mais pour moi, j'étais bien persuadé au fond de mon cœur que notre gouvernement n'était pas si facile à renverser, et qu'il n'y avait que des idiots qui pussent tenir de semblables propos. Bien au contraire, je ne cessais de leur répéter qu'ils auraient une guerre longue et acharnée contre nous s'ils osaient envahir la Hollande ou seulement la menacer.

J'ai dit que, pour son malheur, Dumouriez n'aurait jamais voulu que l'on touchât en rien à la forme du gouvernement belge, car cela donna l'occasion à ses ennemis de la Convention de l'accuser d'avoir aspiré se faire proclamer duc de Brabant, ce à quoi il n'avait probablement jamais songé ; ou si bien même il en a eu la secrète pensée, ce à quoi n'avait jamais songé aucun de ceux qui avaient le droit de parler dans les assemblées de ce pays. On désirait un gouverneur qui fût de la maison d'Autriche, ou de la famille royale d'Angleterre ; il fut même souvent question du duc de Glocester. J'ai dit également pour le malheur de toute l'Europe, car les idées chimériques des conventionnels plongèrent l'Europe entière dans une guerre sanglante et interminable, précisément au moment où il eût été si facile de conclure une paix générale, s'ils eussent voulu être modérés dans les conditions et sobres dans leurs désirs ; mais nous aurons ailleurs l'occasion de reparler de tout cela.

Le général Valence et moi nous quittâmes Bruxelles dans la nuit, et le lendemain l'armée abandonna Nivelles. Le jour suivant nous traçâmes notre camp sur les hauteurs de Namur. Bien que son armée fût encore éloignée de cinq milles allemands, le général

Valence avait envoyé un adjudant-général de Charleroy à Namur, afin de sommer cette dernière place. Le général Mortail, qui commandait la forteresse, fit répondre à l'adjudant que quand il verrait notre armée, il lui resterait encore assez de temps pour capituler. Le lendemain matin nous arrivâmes sous Namur. J'accompagnai le général Valence à cheval dans une reconnaissance des fortifications et de l'emplacement où nous devions établir nos batteries. Le jour suivant on devait bombarder la ville, mais dès le soir même une batterie, composée de quatre pièces de 12 et de deux obusiers, commença à tirer sur une rue. Notre intention n'étant point de faire du dégât, il ne tomba que peu de boulets et de grenades dans la ville ; il paraît que le gouverneur ne cherchait qu'un prétexte pour se rendre, et cependant trois ou quatre pauvres habitants y perdirent la vie, c'est ainsi que les choses se passent à la guerre.

Un homme qui avait été au service de la Belgique me donna des renseignements sur les forces ennemies ; comme je sus de lui qu'il n'y avait que peu de troupes dans la ville, je proposai au général Valence de prendre la place d'assaut. En agissant ainsi et en chassant l'ennemi dans le château, il pouvait facilement arriver qu'à la faveur du tumulte nous y pénétrassions avec lui ; mais le général Valence n'y voulut point consentir, de peur que la ville, dont on supposait les habitants bien intentionnés à notre égard, ne fût livrée au pillage. Le jour suivant on signa la capitulation (1). Il fut conclu que nous n'établirions pas de batteries dans la ville, et que dans aucun cas l'ennemi ne pourrait tirer sur elle. Aussi fûmes-nous reçus en amis dans Namur, et n'y eut-il que très peu de maisons pillées, et encore ce furent celles de partisans fort dévoués de l'Autriche. L'hospitalité que je reçus lorsque l'on eut appris que j'avais servi dans la guerre du Brabant, me donna l'espérance que je verrais bientôt une armée de Brabançons sous les armes. La dernière action de l'armée belge avec les Autrichiens (celle qui précéda son licenciement) avait eu lieu à Han (non loin de Louvain) ; je n'avais jamais su combien ils avaient éprouvé de pertes ; ici, l'on m'affirma qu'ils avaient eu de trois à quatre cents hommes hors de combat; cette défaite des Brabançons était un événement fort malheureux, et le congrès aurait dû, après la reddition de Namur, me commander de me retirer de manière à couvrir Bruxelles, et de faire une capitulation honorable avec le maréchal Bender ; à coup sûr la perte des Autrichiens eût été beaucoup

---

(1) Le 2 décembre 1792 eut lieu la réddition de la citadelle ; j'ignore la date précise de l'occupation de la ville qui a dû être dans les derniers jours d'octobre.

Le Traducteur.)

plus considérable si 2,300 de mes hommes n'eussent abandonné leur position sans tirer un seul coup de fusil ; ils avaient quitté Païs-de-Vais dans l'intention bien formelle de me trahir, et dont j'avais été officieusement averti ; mais c'est trop parler ici de cette expédition (1), peut-être pourrai-je plus tard en écrire la relation et l'offrir au public avec tous les développements convenables.

Quand la ville de Namur eut capitulé et que la garnison se fut retirée dans la citadelle, le général Leveneur prit possession de la ville avec une partie de sa division. Comme c'est la première fois que son nom paraît sous ma plume, je ne puis m'empêcher de donner quelques renseignements sur lui. Il avait été lieutenant-général sous Lafayette; quand celui-ci passa à l'étranger, Leveneur crut devoir également quitter l'armée ; on présume qu'il avait émigré avec son général en chef ; cependant on a dit également qu'il s'était caché sans sortir de France; et qu'il avait attendu pour reparaître que la tempête fût un peu apaisée. Il nous rejoignit pendant notre marche sur

(1) C'est celle dont nous avons parlé, la guerre d'indépendance des Flandres, où Money occupait un poste élevé. Quant à l'ouvrage qu'il annonce ici, nous sommes fondés de croire qu'il n'a pas été écrit.

(*Le Traducteur.*)

Sedan, et comme il était le plus ancien lieutenant-général, il reçut le commandement de la division de droite de l'armée ; le général Diettmann prit ma division et je servis sous ses ordres. Nos soldats étaient fort mécontents qu'on l'eût autorisé à se réunir à nous, car ils ne voyaient que peu de différence entre lui et Lafayette.

Cependant on faisait les préparatifs pour l'attaque de la citadelle de Namur. On donna ordre de faire venir par Meuse la grosse artillerie de Givet. Un pont fut jeté sur la Sambre à Flavin, un autre sur la Meuse au-dessus de la ville, un troisième enfin sur la même rivière, mais au-dessus de Near-d'Arve. Le général Miazinski arriva de Sédan avec un renfort de 3,000 hommes. Il fit halte à Dinant, petite ville sur la Meuse, à deux milles de Namur, et à peu près à moitié chemin de Givet ; or Dinant était alors un poste de la plus haute importance, parce que toutes nos provisions de guerre et tous nos vivres nous arrivaient par ce chemin. Le général Miazinski y plaça deux bataillons de gardes nationaux et trois compagnies de grenadiers de Rheims. L'ennemi était à environ un mille de Dinant et en nombre beaucoup plus considérable, aussi ne puis-je concevoir pourquoi il ne chercha pas à y passer la Meuse, ce qui eût prolongé de beaucoup les opérations du siége, attendu que nous eussions été forcés de faire faire un détour considérable à nos magasins et à nos munitions, qui nous arrivaient avec la plus grande facilité par cette route. Le général Valence s'étant aperçu que son poste de Dinant était trop faible pour bien assurer ses communications avec Givet, il adjoignit aux troupes qu'y avait laissées Miazinski deux régiments de cavalerie et un bataillon des Ardennes; ce fut à moi qu'il confia le commandement supérieur de ce poste.

Cependant l'armée de Dumouriez avait occupé Louvain. Une portion de l'armée du général Braulieu (1), sous les ordres du général Schrœder, fut envoyée dans les environs d'Einay (2) pour occuper le Bois-de-Chine et les deux rives de la Meuse; elle s'étendit depuis le village d'Arve, qui se trouve dans le bois, jusque dans les environs de Dinant, qui ne se trouve guère qu'à deux lieues et demie du bourg de Chine. Telle était la position de l'ennemi lorsque j'arrivai à mon poste de Dinant. On était alors au premier novembre. Dès le lendemain je reconnus la position; j'envoyai le 21e régiment de dragons avec le bataillon des Ardennes et deux pièces de canon, le tout sous le commandement du colonel Leconte, dans la direction

(1) Lisez *Beaulieu*.

(*Le Traducteur.*)

(2) Lisez *Ciney*.

(*Le Traducteur.*)

de Sorine; Sorine n'est pas fort éloigné du Bois-de-Chine, dans lequel l'ennemi s'était retranché avec beaucoup de soin. Je fis partir le colonel Latuilie pour Druance, sur ma droite, et lui donnai le 18e régiment de cavalerie; enfin j'établis à Celte, à peu près au milieu de ma position et à une lieue de Dinant, une compagnie de chasseurs que j'avais organisée pour ce genre de service, et je la soutins d'un piquet de cavalerie. J'élevai également un petit fortin sur la route de Ciney à Liége; j'avais bien l'intention de construire là une bonne redoute, mais la rigueur de la saison m'arrêta dans mes projets. La position était sur un mamelon suffisamment élevé et, au cas échéant, cette redoute eût bien servi pour couvrir ma retraite. L'ennemi n'avait établi aucun poste dans le bois entre Namur et moi, seulement de temps à autre il envoyait de fortes patrouilles sur les bords de la Meuse, qui sont remplis de précipices énormes. Ces patrouilles faisaient feu non-seulement sur les ordonnances, mais encore sur tous ceux qui traversaient la grande route, sise de l'autre côté du fleuve. Comme je n'étais pas assez fort pour envoyer des patrouilles dans le bois, et que d'ailleurs mes hommes étaient extrêmement fatigués par les alertes continuelles que nous avions à Sorine et au poste de Celte (où je m'étais établi moi-même). D'ailleurs j'étais obligé de faire escorter chaque jour les convois de munitions et de vivres qu'on envoyait à Namur ; c'est alors que je fis construire une espèce de chaloupe armée et pontée, pouvant contenir à peu près quarante hommes ; vingt d'entre eux étaient toujours de service, et le bateau avait plus particulièrement la mission de surveiller le bois. Ce moyen produisit l'effet que j'en attendais, et dans la suite nous ne fûmes plus inquiétés. Le général Lamarche reçut d'ailleurs l'ordre de venir occuper un poste avec l'avant-garde à l'autre bout de ce bois, auprès d'Androy, de façon que l'ennemi n'osa plus y envoyer de patrouilles ; mais son intention n'était pas moins restée la même ; il voulait me forcer à repasser la Meuse, on verra plus tard qu'il n'y réussit point.

Le siége de la citadelle de Namur continuait avec une grande chaleur ; on éleva des batteries dans toutes les directions, et en peu de temps, toute l'artillerie du fort fut ruinée ou contrainte à se taire. Le général Leveneur, qui commandait dans les tranchées, prit à l'assaut la redoute de Vilette, dans laquelle se trouvaient de 3 à 400 Autrichiens; c'était d'ailleurs un fort parfaitement construit et miné dans différentes directions. Le général Leveneur parvint aux palissades sans avoir été aperçu d'aucunes sentinelles; pendant quelque temps d'abord ses hommes n'osèrent pas se montrer sur le parapet ; le général leur donna l'ordre de rompre les palissades, ce qui fut bientôt fait; ils montèrent sur les remparts et s'élancèrent dans le fort. Les Autrichiens qui étaient dans les casemates se rendirent comme prisonniers de guerre. Cependant, à son grand étonnement, le général Leveneur s'aperçut qu'il n'avait été suivi que de 60 hommes; les autres étaient restés en arrière, soit faute d'avoir trouvé le chemin, soit pusillanimité. Cependant le général fit appeler l'officier commandant la redoute et lui ordonna, sous menace de la mort, de le conduire aux mines, ce que cet officier fit aussitôt. Leveneur détruisit les mines à l'instant même, et fit promptement rechercher les troupes qui auraient dû l'accompagner, afin de pouvoir occuper le fort. Tout homme de guerre a regardé cette entreprise comme la plus habile qui ait été exécutée de toute la campagne.

A Liége, le général Dumouriez avait forcé l'ennemi à repasser la Meuse, et il devait lui avoir fait beaucoup de mal à l'affaire de Saint-Théon (1). Le général Clerfait, qui commandait les Autrichiens, avait fait une retraite fort habile.

Avec une autre colonne de l'armée de Dumouriez, le général Miranda s'était avancé sur Ruremonde,

(1) Lisez *St.-Tron.*

(*Le Traducteur.*)

qui était la ville où s'était réfugiée l'archiduchesse; mais celle-ci ayant appris l'approche des Français s'était déjà enfuie à Bonn, sur l'autre rive du Rhin. L'avant-garde du corps d'armée de Miranda se dirigea sur Aix-la-Chapelle, sur laquelle ville s'était dirigée l'armée de Dumouriez en quittant Liége, et devant ces deux généraux l'armée autrichienne abandonna toute la rive gauche du Rhin (1).

J'appris par des espions que j'envoyai à Ciney, que le général Schrœder était du double plus fort que moi. Je priai donc le général Valence de m'envoyer un renfort en hommes et en canons; car l'ennemi avait, rien qu'en troupes régulières, cinq pièces de 3, deux de 6, 2,300 hommes d'infanterie et cinq escadrons de cavalerie; pour moi, je n'avais que trois faibles bataillons de gardes nationales et deux compagnies de grenadiers de Rheims, formant à peine 1,400 hommes, et en fait de cavalerie quatre faibles escadrons. Le général Valence me promit constamment du renfort, mais jamais il ne m'en envoya, jusqu'à ce qu'enfin le poste eût été attaqué. Sans vouloir ici rien dire des troupes placées sous mon comman-

(1) J'ai omis de dire que Miranda avait pris la citadelle d'Anvers avant que de marcher sur Ruremonde.

(*L'Auteur.*)

dement, je dois dire qu'un de mes bataillons, appelé « *l'Ami de la patrie*, » était pour ainsi dire tout en lambeaux ; mais pendant que nous fûmes à Dinant, il arriva pour lui tous les effets d'habillement nécessaires ; je mentionne ce fait seulement afin de prouver qu'il était faux, ainsi qu'on l'a souvent répété, que toute notre armée était à demi nue ; car ce bataillon fut le seul corps de toute l'armée qui se trouvât dans un tel état de délabrement ; mais beaucoup de ses officiers, n'étant point militaires, négligeaient par trop les hommes sous leur commandement ; les armes de leurs soldats étaient couvertes de rouille, et encore la plupart n'en avaient même pas. Dès mon arrivée à Dinant, je passai moi-même une revue détaillée des hommes sous mes ordres, inspectant moi-même le fusil de chaque soldat ; je me fis également présenter les cartouches et je trouvai qu'aucun homme n'avait sept cartouches. J'en fis immédiatement faire une distribution, de sorte que chacun en eut trente, et j'envoyai à Givet chercher des provisions de poudre et de plomb. Quand, autant que cela était en moi, j'eus ainsi pourvu aux besoins de mes hommes, je ne tardai pas à voir que j'avais capté la confiance de toute la troupe, ce qui est la première chose à laquelle doive s'appliquer un officier, que son commandement soit étendu ou non. Car un petit nombre qui a la confiance dans son chef fera le double d'une multitude qui lui serait indifférente ; je crois que tout homme un peu versé dans la pratique du métier tombera d'accord avec moi sur ce point.

Ayant bonne opinion de moi et possédant la confiance de la troupe de ligne et de la garde nationale, je trouvai mes hommes plus attentifs à leurs devoirs militaires en même temps que plus stricts dans l'exécution de mes ordres ; je pus donc devenir plus sévère envers les soldats et les officiers quand ils se négligeaient dans le service, et bientôt même personne n'osa plus paraître devant la troupe avec le bonnet rouge.

Les deux officiers qui commandaient mes deux régiments de dragons avaient fait la guerre du Hanovre et connaissaient bien leur métier ; mais ils n'avaient pas la confiance de la troupe, qui les considérait comme des aristocrates; bien plus, ils n'étaient pas d'accord entre eux. Un décret de l'Assemblée nationale portait que toute la cavalerie devait rendre ses mousquetons. Le colonel Tuillier (1) du 18e régiment en avait conservé environ une centaine, et comme

(1) Précédemment l'auteur a appelé ce colonel Lathuille, je n'ai pu, malgré mes recherches, savoir s'il se nommait Tuillier ou Lathuille.

(*Le Traducteur.*)

j'avais lieu de penser que nous aurions prochainement un engagement avec les hussards ennemis, je lui fis donner l'ordre de les faire mettre en état et d'en envoyer trente à quarante au colonel Leconte qui en avait besoin pour sa grand'garde à Sorine ; mais Leconte ne voulut point les accepter, soit parce qu'ils n'étaient pas dans un bon état, soit par dépit de ce que Tuillier eût gardé dans son régiment des armes que lui-même avait fait verser.

Les ordres que je donnai à ce poste ne regardèrent que les escortes des convois de vivres ou de munitions qui étaient envoyés à Namur, ce qui serait de peu d'intérêt pour le lecteur. Il y avait un ordre permanent qui portait que l'infanterie devait toujours se trouver prête à marcher au premier signal, que les chevaux de l'artillerie devaient être sellés dès le point du jour et rester au piquet jusqu'à contre-ordre, que les dragons devaient également brider et seller leurs chevaux dès la diane et les tenir dans cet état jusqu'à dix heures ou peut-être plus longtemps si les circonstances le nécessitaient, ou si les officiers commandant les différents piquets le jugeaient convenable.

L'objet de mes attentions de tous les moments était de préserver, autant qu'il était en moi, les habitants du pays du fardeau de la guerre ; de veiller à ce que l'on ne prît aucun fourrage sans fournir un « *bon* » ; de faire prendre au plus tôt tout homme qui maraudait, et de le faire diriger comme prisonnier sur le quartier-général. Il fut surpris quelques hommes à la maraude et ils furent en effet punis fort sévèrement ; la seule punition alors était le *garrottage* (1) ; en conséquence, on leur coupa les cheveux et les sourcils, on leur retira leurs vêtements, et on les chassa de l'armée en leur donnant un passeport semblable à ceux des gens à surveiller, et on les déclara incapables de servir dans les armées françaises.

Le service était fort dur pour nos troupes, cependant elles le supportèrent sans murmures; en outre de cela, il faisait extrêmement froid et la terre était recouverte de près de quatre pouces de profondeur, et pourtant il n'était pas possible d'alléger le service, car nous étions fort souvent obligés, par suite des tentatives de l'ennemi, de marcher au secours de nos postes avancés à Sorine. Journellement je m'attendais à être forcé de repasser la Meuse, mais j'étais bien décidé à disputer à l'ennemi chaque pouce de terrain. J'avais envoyé deux pièces de canon de l'autre côté

(1) L'auteur emploie le mot *garrotiren* qu'il souligne ; j'ai cru devoir traduire par *garrottage* bien que ce mot ne soit pas français.

(*Le Traducteur.*)

du fleuve, au poste même que le capitaine Kroler, de l'artillerie anglaise, avait occupé pendant la guerre du Brabant. La batterie de Gemschien couvrait la retraite de la cavalerie établie à Sorine, et les autres régiments avaient ordre, au cas échéant, de repasser le pont à Saint-Jean (1).

Le 1er décembre, à 9 heures du matin, mon poste de Sorine fut attaqué; je partis en toute hâte au secours du colonel Leconte; à mon arrivée, je trouvai qu'heureusement l'ennemi n'avait pas encore obtenu de succès; je plaçai deux pièces d'artillerie sur une hauteur, pièces qui pouvaient servir pour l'offensive aussi bien que pour protéger notre retraite, s'il nous fallait en arriver là. Je remarquai que le général Schrœder occupait une forte position dans le bois de Chine, près de la grande route de Ciney; il avait fort bien disposé son artillerie pour tirer tant sur mes batteries que sur mes hommes; il occupait également le village de Tavier qui est situé dans un fond, lequel fond se trouvait entre nous deux. Je m'aperçus aisément qu'il était aisé de chasser l'ennemi de ce village, parce qu'il était plus près du gros de mes forces que

---

(1) Les deux textes portent *St.-John*, je crois qu'il faut lire *St.-Jean*.

(*Le Traducteur.*)

des siennes; mais il ne me paraissait pas disposé à abandonner la position de sa batterie. Entre nous et Tavier se trouvait une petite éminence d'où l'on pouvait faire feu sur les troupes qui occupaient ce village, je la fis immédiatement occuper par deux compagnies de gardes nationales. L'ennemi tirailla par les fenêtres des maisons et à travers les haies de clôture, et nos hommes s'étant avancés sur Tavier se trouvèrent au milieu des champs exposés à son feu. Je fis alors amener un canon et tirer sur le village; les escadrons ennemis qui étaient abrités derrière les maisons s'enfuirent au triple galop jusqu'à la batterie du bois de Chine. Cette vue anima tellement mes canonniers que je ne pus les empêcher de s'avancer après chaque coup, jusqu'à ce qu'enfin ils eussent en flanc la batterie ennemie, précisément là où les Autrichiens étaient le plus forts; sans attendre les ordres, ils firent feu sur la batterie et tuèrent deux de ses canonniers. Je ne sais si le général Schrœder n'avait pas encore fait feu croyant ne pas pouvoir nous atteindre, ou s'il attendait que nous fussions encore plus rapprochés de lui, mais maintenant il n'avait plus à différer; il donna donc le signal à ses canonniers, mais ils ne tirèrent qu'avec une pièce de 3 dont les coups portèrent trop court. Nos hommes répondirent, mais alors les pièces de 6 des Autrichiens commencèrent à jouer; heureusement chaque boulet passa à côté de nous. Je donnai l'ordre à mon escorte, qui était composée de cavalerie, de se retirer ; mais une compagnie d'infanterie qui se trouvait près des canons s'enfuit dans le bois, où elle se coucha sur le ventre ; ceux qui protégeaient les canons en firent autant, jusqu'à ce qu'enfin je cassasse ma lunette d'approche sur la tête de l'un d'eux. Seuls les servants de la pièce se tenaient bravement à leur poste, aucun d'eux n'abandonna son poste, bien que plusieurs boulets eussent soufflé au-dessus de leurs têtes ; ils ramenèrent même la pièce auprès des attelages.

Si le général Schrœder eût alors fait sortir ses deux pièces de 6 de sa batterie, il eût pu prendre nos deux canons de 4, car un adjudant-général m'avait envoyé ces pièces que j'avais laissées en arrière dans une belle position qui couvrait ma ligne de retraite, et où j'étais assuré que le feu de l'ennemi ne pourrait l'atteindre ; il les avait fait venir par une route qui était fort loin d'être bonne, mais la hauteur empêcha le général Schrœder de nous apercevoir et de remarquer un moment de trouble qui se mit dans nos rangs, par suite de la chute d'un de nos chevaux qui tomba dans un fossé, de façon qu'il nous fut possible de nous retirer dans notre première position. J'en pris donc possession et j'envoyai deux canons à Sorine, afin de recevoir l'ennemi en cas de retour offensif. Ce jour-là nous restâmes en présence, l'ennemi s'étant retiré avec son artillerie sur le village du Bois-de-Chine, et nous ayant regagné Dinant. Du côté de l'ennemi il y eut plusieurs morts et 14 blessés; deux de ces derniers avaient les jambes fracassées et se trouvaient entre les deux avant-postes. Je priai le curé de Dinant d'y envoyer quelques habitants afin de les transporter dans le village, mais personne n'osa y aller; quant à moi, je n'avais nulle envie d'exposer la vie de mes hommes pour venir au secours de deux ennemis très probablement blessés à mort.

Il est ici un fait que je ne dois pas oublier : Quand les canons se replièrent sur nous, les gardes nationaux auxquels j'avais donné ordre d'aller dans le bois l'abandonnèrent; mais j'envoyai un adjudant-général avec l'ordre de les faire retourner à l'ennemi, ce qu'ils firent aussitôt; ils engagèrent même le feu avec l'ennemi qui était en train de reprendre le village de Tavier, ce qui me fit beaucoup de plaisir.

Par cette attaque, l'ennemi n'avait rien gagné, et moi, je ne perdis pas un seul homme; et aujourd'hui, quand je pense au petit nombre d'entre mes soldats qui avaient déjà vu le feu de l'ennemi, je dois dire que tous s'étaient parfaitement comportés.

Il est encore une autre circonstance que je vais mentionner, parce qu'elle prouve combien la réputation d'un chef dépend de la façon dont il veille à l'établissement de sa position et à l'exécution de ses ordres. Le colonel Leconte était du même côté de la colline que moi, lorsque je donnai l'ordre de faire replier les canons; il envoya après eux un cavalier, avec un ordre qui, au lieu de faire revenir les pièces vers nous, les envoyait de l'autre côté de la colline, c'est-à-dire vis-à-vis la batterie ennemie. Néanmoins l'officier qui commandait la batterie m'envoya demander si je n'en avais pas besoin; je fus fort étonné d'apprendre que mes pièces se trouvaient là, et qui pis est, que l'infanterie les suivait; je donnai donc l'ordre de battre en retraite aussi vite que possible, car si le général Schrœder avait fait feu sur eux, mes pièces eussent été perdues et mon infanterie eût grandement souffert, si elle n'avait pas été complétement dispersée. Plus tard, étant à Ciney, j'appris que le général ennemi avait attendu pour nous attaquer que le mouvement fût tout-à-fait prononcé. Un officier est souvent blâmé pour une faute qui ne provient pas de lui, et souvent loué pour une action qu'il n'a pas ordonnée!

A mon retour à Dinant je jugeai convenable de remercier les troupes de la bonne conduite qu'elles avaient tenue en présence de l'ennemi. Tous me répondirent : « Si vous êtes content de nous, nous sommes satisfaits. » Et ils s'en retournèrent pleins d'enthousiasme en chantant leur « *Ça ira.* »

J'écrivis aussitôt au général Valence pour lui apprendre que nos postes avaient été attaqués, que l'ennemi était considérablement plus fort que nous, et qu'il n'aurait pas à s'étonner s'il apprenait un jour ou l'autre que nous fussions obligés de repasser la Meuse. Je lui montrai l'importance du poste et la nécessité de le conserver afin de ne pas perdre nos communications avec Givet; en faisant cela, je m'acquittais d'un devoir, et c'était à lui à m'envoyer du renfort ou à me laisser comme j'étais, suivant son idée.

Le général Valence s'inquiéta des suites que pourrait avoir pour nous la perte de ce poste; en conséquence de quoi, il donna ordre de venir nous renforcer au 9e bataillon de chasseurs, qui se composait de 700 hommes, et au 5e régiment de Parisiens qui se trouvait à Givet et qui se composait de 800 hommes; c'était un des meilleurs corps de gardes nationaux de l'armée, et il s'était déjà trouvé sous mes ordres. Ces deux corps arrivèrent la nuit suivante amenant deux canons avec eux; je reçus également deux canons de Philippeville, mais je n'avais obtenu ceux-ci qu'à force de représentations. Je pouvais donc maintenant prendre vigoureusement l'offensive, car je possédais 8 pièces d'artillerie, à peu près 3,000 hommes d'infanterie et deux régiments de cavalerie. Sachant bien que le général Valence désirait que je repoussasse l'ennemi au-delà de Ciney, je me disposai à attaquer le général Schrœder à son poste de Bois-de-Chine, en conséquence de quoi j'envoyai le régiment de chasseurs au village de Thien, sur ma gauche, et le lendemain matin je partis avec le colonel Segend (un excellent officier) afin de faire mes dispositions d'attaque. En même temps je fis donner ordre à nos troupes de ne pas tirer un seul coup de fusil, si ce n'est dans le cas de nécessité extrême.

Quand nous arrivâmes près de la grand'garde de cavalerie, je m'aperçus que les postes ennemis étaient retirés, je donnai donc ordre au piquet d'infanterie de marcher en avant, et à la cavalerie de monter à cheval et de me suivre; en ce moment les deux espions que j'avais envoyés au quartier autrichien vinrent me rejoindre et m'annoncèrent que l'ennemi s'était retiré. Je marchai donc par le bois de Chine sur Ciney, et quand je fus arrivé sur les hauteurs qui avoisinent la ville, j'aperçus le général Schrœder sur ma droite, à peu près à une lieue de moi, et le général Beaulieu de l'autre côté de Ciney; tous deux se dirigeaient sur Marche-en-Famine (1). Je fis aussitôt

(1) Au lieu de *Marche en Famine* lisez *Marche-en-Famène*, petit village de 1,400 habitants, situé à la jonction des routes de Sédan sur Liége et de Namur sur Luxembourg.

(*Le Traducteur.*)

partir pour Ciney mon aide-de-camp, le capitaine Ardeleur, à la tête d'un détachement de cavalerie. Il trouva le village abandonné ; l'ennemi en était parti environ deux heures avant son arrivée ; nous ne fîmes qu'un seul prisonnier, c'était un malheureux boucher appartenant à un régiment hongrois. J'écrivis de suite au général Lamarche à Viviers, afin de lui apprendre l'abandon de Ciney par les Autrichiens, et aussitôt mon retour à Dinant, je priai le général Valence de me donner des ordres sur ce qu'il voulait que je fisse.

L'ennemi s'étant éloigné de moi d'environ trois lieues, j'envoyai à Falmignole le colonel Leconte avec son régiment de cavalerie et le 5e régiment de Parisiens, lui ordonnant d'occuper également les villages voisins afin de consolider encore mes communications avec Givet, l'ennemi ayant conservé quelques troupes légères à Jambline. Le général Valence approuva cette disposition et ne me donna point d'ordres particuliers, si ce n'est celui de m'instruire mieux encore de la position de l'ennemi et de ses desseins.

J'ai omis de mentionner que le général Lamarche et le général Neuilly avaient attaqué un poste autrichien commandé par le capitaine de Lusignan, français d'origine mais au service impérial ; ce capitaine fut battu et fait prisonnier (voir la lettre ci-dessous (1). On aurait pu présumer, d'après l'esprit de l'époque, qu'il aurait été mis en pièces aussitôt que pris, mais bien loin de là, il fut accueilli avec toutes les marques de la plus grande politesse, ce que d'ailleurs il méritait parfaitement, car je n'ai jamais vu personne qui eût d'aussi bonnes manières que lui; à son départ pour la

---

(1) Viviers-l'Agneau, le 1er décembre.

Je vous remercie, mon cher général, pour la bonne nouvelle que vous m'annoncez, en m'apprenant qu'il n'y a plus d'ennemis à Ciney; j'en avais l'assurance, rien qu'en recevant votre lettre. Le général Neuilly m'a dit hier matin que vous aviez été instruit du projet que nous avions formé d'aller attaquer l'ennemi dans ses retranchements de Bois-de-Dosée; nous avons eu le bonheur de voir notre entreprise couronnée par le succès, nous avons chassé l'ennemi de ses retranchements ainsi que des villages de Viviers-l'Agneau, Maillier et Courioule. Ils se sont défendus en braves, principalement dans le village de Courioule; la canonnade et la fusillade ont été fort vives; à la fin il nous a fallu attaquer à la bayonnette pour les chasser de ce poste; comparées aux nôtres, leurs pertes ont été considérables; au moins cinquante des leurs ont été tués et ils ont un grand nombre de blessés, nous avons également fait beaucoup de prisonniers dont le lieutenant-colonel Lusignan et trois lieutenants. Le général Neuilly a eu un cheval tué sous lui; le lieutenant-colonel, commandant le bataillon de la Charente-Inférieure est, de notre côté, le seul officier qui ait été blessé, et sa blessure est tout-à-fait sans gravité. J'ai entendu dire, et M. de Lusignan me l'a rapporté lui-même, que beaucoup

France, où il fut envoyé comme prisonnier sur parole, il me fit l'honneur de souper avec moi.

Je dois ici faire remarquer qu'un Anglais qui eût été fait prisonnier par ses compatriotes en combattant contre eux, eût subi un tout autre traitement par cela seul qu'il combattait contre ses nationaux. Cependant, dans les guerres, rien n'est plus fréquent que de trouver deux frères qui servent dans des camps ennemis : le célèbre prince de Cobourg a un frère dans l'armée prussienne, et qui peut dire qu'un jour ils ne combattront pas l'un contre l'autre. Le prince Eugène était français de naissance, et cependant il commandait les armées impériales. Les troupes anglaises furent commandées longtemps par un Français, lord Ligonier, lequel fut fait prisonnier à la bataille d'Affelet, et cependant dîna le lendemain même avec Louis XV ; de même encore, le maréchal de Saxe, bien qu'Allemand et protestant, commanda longtemps et avec gloire les armées de la monarchie française.

---

d'officiers autrichiens étaient restés sur le carreau. Si j'aperçois un mouvement de l'ennemi, je vous en ferai prévenir et vous prie d'en agir de même à mon égard. Mes postes avancés sont à Anesse; le général Neuilly, avec sa division, est entre vous et moi.

Le maréchal de camp, LAMARCHE.

P. S. Les avant-postes du général Harville sont à Huy.

(Note de l'Auteur.)

Mais je reprends le cours de mon histoire : Le général Baulieu, ayant vu qu'il avait été chassé de ses postes de Dosée et de Briers, et que le général Schrœder n'avait pu entamer nos communications avec Givet, résolut d'abandonner son camp de Huy-sur-Meuse, car il craignait d'y être attaqué par des forces supérieures, et de voir coupées ses communications avec Marche-en-Famène et Luxembourg. Dès-lors, il abandonnait donc tout espoir, s'il avait jamais pu espérer cela, de faire lever le siége de Luxembourg (1).

Si je puis exprimer ma façon de pensée sur ce séjour de Beaulieu aux environs de Huy, je dirai qu'il eut tort de s'y être arrêté, car cela ne lui profita en rien. S'il se fût dirigé sur Ciney, il eût tout au moins coupé nos communications avec Givet par la Meuse et eût mis le général Valence dans la nécessité de conserver une forte portion de son armée à Dinant, afin de le forcer à rétrograder sur Marche-en-Famène.

Le général Mortail, qui commandait dans la citadelle de Namur, voyant qu'il n'y avait plus de chances

---

(1) Lisez : le siége de Namur, car ce n'était pas Luxembourg qui était assiégée, mais bien Namur, comme on a pu le voir par ce qui précède.

(*Le Traducteur.*)

pour lui d'être secouru, et que d'ailleurs le fort de Vilette avait été pris d'assaut, se rendit le 2 décembre ; la garnison fut faite prisonnière de guerre. Je ne puis pas me proposer de relater ici tous les détails du siége de cette citadelle, je me bornerai donc à donner au lecteur une idée de la manière dont il fut dirigé. Le général Boucher, qui s'y était trouvé lors de la prise de 1746, en dirigea les opérations ; il plaça une batterie sur les hauteurs, au-dessus de la ville, ainsi qu'une autre de l'autre côté du pont, au-dessous de la ville ; une troisième fut établie sur les bords de la Sambre. Mais les opérations principales furent exécutées de l'autre côté de la citadelle, où se trouve une côte. Là existaient des casemates creusées dans le roc et qui pouvaient contenir de 4 à 5,000 hommes. La garnison se composait d'environ 2,600 hommes, dont à peu près 600 du régiment de Werwick désertèrent pendant le siége de la ville. Comme il avait été conclu que la garnison de la forteresse ne tirerait pas sur la ville, les déserteurs en profitaient pour s'échapper à leur aise parce que le régiment de Werwick était caserné du côté de la ville. Ce régiment avait été formé dans les Pays-Bas où tout au moins il y avait été recruté, et beaucoup des hommes qui le composaient avaient servi dans l'armée brabançonne. Au pied de la hauteur, dont j'ai parlé, on décrivit de nouvelles lignes de circonvallation, en sorte que l'on enveloppa entièrement les fortifications ennemies.

Le général Dumouriez se trouvait en ce moment à Liége, et avait fait avancer ses premiers postes jusqu'à Aix et Spa. Je lui écrivis et lui envoyai par M. Sauvan, un de mes adjudants-généraux, ma lettre dans laquelle je lui mandais que, l'ennemi s'étant retiré à Marche en-Famène, les provinces belges se trouvaient conséquemment entièrement délivrées de troupes ennemies, que je croyais donc qu'il serait temps maintenant de rassembler l'armée brabançonne qui avait été licenciée autrefois. Sans nul doute, Dumouriez devait savoir que cette armée n'était point portée pour la révolution française, ou, tout au moins, pour ses principes d'égalité; aussi, je m'étonne beaucoup que, dès son arrivée à Bruxelles, il n'ait pas laissé un ordre de la rassembler, lui qui, à ce qu'il ne cessait de répéter, était l'ami fidèle de la dignité royale. Mais on peut dire aussi que le dessein du gouvernement d'alors lui était connu, dessein qui devait consister à renverser la constitution des provinces belges, et à les forcer à accepter la forme gouvernementale de la France. Quoi qu'il en soit, il paraissait avoir eu une tout autre idée en publiant son manifeste à Mons.

Voici la lettre que j'écrivis au général Dumouriez :

Mon cher Général,

Comme je sais que vous avez le dessein de reformer l'armée belge, et que je ne puis ni ne veux rien faire sans votre consentement, je vous envoie mon adjudant-général avec un projet relatif à ce point. Si vous l'acceptez, je ne perdrai pas un instant pour en recomposer les différents régiments, et pour les réorganiser, jusqu'à ce que l'ordre nous arrive de réunir cette armée (ce qui ne sera peut-être pas fait de sitôt). Mais, en attendant, ce sera toujours au moins 20,000 hommes de renfort pour la vôtre. Les engagés volontaires désirant beaucoup pouvoir retourner en France, ce qui ne leur semble pas devoir souffrir de difficultés.

Si vous acceptez ma proposition, je n'ai pas autre chose à faire que de vous prier de vouloir bien me donner votre consentement par écrit, et de m'indiquer les moyens que j'aurai à employer pour solder ces troupes, et vaquer à leur entretien.

J'ai l'honneur d'être, etc.,

J. MONEY.

Voici maintenant quelle fut la réponse du général Dumouriez :

Le temps n'est pas encore venu, mon cher Général, de mettre à exécution vos idées sur la Belgique; il faut au moins un retard d'un mois; nous serons alors à même de pouvoir agir plus régulièrement, et cela vaudra mieux que de réunir de petites troupes dans les provinces. Ainsi donc, il faut laisser reposer votre projet pendant au moins quinze jours ou trois semaines, et alors je prends sur moi, non-seulement de le faire exécuter, mais encore de travailler à vous gagner la confiance de cette nation, afin de vous donner un poste dû à votre âge et à votre expérience en vous mettant à la tête de ce corps; j'espère que le 20 ou le 26 de ce mois, les principaux rassemblements de troupes seront formés, les élections terminées, et que le consentement national sera connu; cela terminera toute cause de désordre, et arrêtera l'inconstance de ces provinces. Alors la conclusion militaire de cette affaire ne dépendra que de la République; les caisses et les troupes n'appartiendront plus à telle ou telle province, mais bien à la nation entière.

Je vous embrasse de tout cœur, et suis, etc.,

DUMOURIEZ,

Général en chef de l'armée des Pays-Bas.

On savait dans le public que j'avais autrefois commandé l'armée brabançonne, et déjà beaucoup de demandes m'arrivaient de la part d'officiers qui avaient servi, ainsi que d'officiers français actuellement dans les rangs de notre armée. Le général Valence m'avait lui-même parlé de ce projet (1).

L'ennemi étant actuellement fort éloigné de mon poste, j'écrivis au général Valence, afin de lui demander la permission d'aller à Bruxelles, où je voulais juger par moi-même des difficultés que l'on élevait contre la réorganisation de l'armée du Brabant. Mais il me fut impossible d'obtenir cette permission, Valence m'ayant répondu que l'on ne pouvait rien faire tant que Dumouriez ne serait pas à Bruxelles et le général en chef étant encore en ce moment à Liége.

Après la capitulation de la citadelle de Namur, le général Valence se rendit à Liége afin de se consulter avec le général Dumouriez sur les opérations futures

---

(1) Tout l'épisode relatif à ces lettres est omis dans la traduction de Londres; mais, en revanche, on y trouve un grand nombre de phrases déclamatoires contre la République et les républicains, qui ne sont pas dans le texte allemand.

(Le Traducteur.)

de la campagne : il y resta environ huit jours. Pendant ce temps, nous jouîmes d'une tranquillité parfaite dans tous nos cantonnements, bien que beaucoup d'hommes fussent fort mécontents, notamment les gardes nationaux des Ardennes et ceux de Paris. Ce mécontentement alla même si loin que bientôt il ne se passa plus une nuit sans que vingt à trente hommes par régiment abandonnassent leur corps pour s'en retourner chez eux ; d'autres me demandaient la permission de rentrer dans leurs foyers, permission que je ne pouvais pas leur accorder, en me donnant pour raison que la patrie n'était plus en danger, et qu'il n'y avait plus de motif pour les retenir loin de leurs femmes, de leurs enfants et de leur ménage.

Après le retour du général Valence, son armée reçut l'ordre de se réunir à celle de Dumouriez à Liége. Le général Harville, qui commandait une des divisions de cette dernière armée, marcha vers Namur, et occupa nos cantonnements ; je reçus en conséquence l'ordre de faire retourner à leurs divisions les troupes que j'avais à Dinant, et de me rendre de ma personne à Namur (1). Quand j'eus

---

(1) Au quartier général de Namur, le 12 décembre 1792, an 1er de la République.

Armée des Ardennes.

J'ai l'honneur de vous faire savoir, mon cher général, que

fait connaître ces ordres, je me rendis à Ciney pour y attendre le général Valence; mais voyant qu'il n'arrivait pas, je retournai à Dinant afin d'expédier à l'armée les provisions de toutes sortes qui s'y trouvaient. En ce moment, le temps était excessivement mauvais, car l'on marchait dans la neige jusqu'à la cheville. Mes devoirs remplis, je quittai Dinant, le lendemain matin, et me dirigeai sur Namur, où je fis ma visite au général Valence; je lui demandai de nouveau l'autorisation de me rendre à Bruxelles, mais il me la refusa pour la seconde fois. Notre conversation fut forte intéressante : je lui dis, en autres choses, que j'avais rencontré un vieil ami, le baron de ***, qui m'avait invité à souper avec lui. — « Quoi, me dit Valence, vous voyez cet homme? C'est un grand aristocrate. » Je lui répondis que nous étions de vieux amis, que je l'avais connu alors

---

les troupes qui sont sous vos ordres doivent retourner à leurs divisions ou avant-garde; et que vous-même devez retourner à votre division primitive. En attendant un nouvel ordre, rendez-vous à Ciney; celui qui fait auprès de vous fonction de commissaire des guerres se rendra auprès du général Lamarche. Je me fais un véritable plaisir de vous revoir et de vous accompagner à Liége.

G. VALENCE, *lieutenant-général.*

(*Note de l'Auteur.*)

que je servais dans l'armée brabançonne, qu'il était à cette époque membre du congrès, mais que d'ailleurs je ne répondais aucunement de ses principes. Valence me demanda alors si je n'avais pas reçu de lettres d'Angleterre, je lui répondis que je n'en n'avais pas reçu, et que cela m'étonnait tellement que je ne doutais pas qu'elles n'eussent été interceptées à Bruxelles. Le regard de Valence me fit comprendre que sa demande renfermait plus de choses qu'il n'en disait, mais je me tins sur la réserve. Il m'apprit ensuite que le bruit courait que les Prussiens avaient repris Francfort. Je ne pus m'empêcher de lui répondre que je n'en doutais pas, mais que lui et Kellermann avaient toujours été bien trompés par le duc de Brunswick quand il leur donnait à attendre qu'une alliance n'était pas impossible entre la France et la Prusse. J'ajoutai ensuite qu'à Pillon, il avait été dupé par eux, ce qui était cause qu'il avait négligé de faire prisonnière toute l'arrière-garde prussienne, composée d'environ 12 à 14,000 hommes. Voyant bien que cette observation ne lui faisait pas le moindre plaisir, je me hâtai de changer le cours de notre entretien. Pour lui, il me sembla que mes paroles lui firent entrevoir toute l'étendue des fautes qu'il avait commises, car, au lieu de répondre, il se mit à se promener d'un air très agité dans la chambre, se mordant les lèvres d'avoir laissé ainsi échapper l'occasion d'immortaliser son nom, en faisant un coup décisif, qui très probablement eût terminé la guerre. Il n'y a pas le moindre doute que toute leur arrière-garde n'eût été faite prisonnière, à l'exception peut-être de la cavalerie légère qui eût pu nous échapper ; j'ai suffisamment parlé de cette affaire en temps et lieu, il n'est donc pas nécessaire d'y revenir ici.

En quittant le général Valence, je me rendis auprès de mon ami, le baron de ***, qui m'apprit que l'Angleterre armait, que ses milices étaient rappelées, et qu'il était fort probable que ma patrie allait avoir la guerre avec la France; il acheva de me convaincre en me montrant un extrait de la Gazette de Cologne et de Leide. Je me trouvais donc dans un grand embarras ; mais je pris sur-le-champ la résolution de quitter l'armée, arrive que pourra, si ma démission n'était pas acceptée. Je résolus de passer en Hollande, et je me consultai avec le baron pour savoir de quelle manière je pourrais agir. Nous décidâmes en conséquence que je devais, sitôt que j'en aurais la permission, me rendre à Bruxelles et de là à Anvers, d'où je pourrais facilement gagner Berg-op-Zoom ou Breda.

Le soir, les principaux habitants de la ville se réunirent pour délibérer sur l'organisation de la cité; je me rendis à cette assemblée avec les généraux Valence et Harville. La discussion fut longue, et ceux qui s'y firent le plus remarquer furent les officiers français ; pour moi, j'attendis que le général Valence fût parti, car je savais qu'après ce moment, on devait parler de l'armée brabançonne ; c'était par le baron *** que j'avais su qu'on s'opposait à la réorganisation de cette armée. Je dis alors aux membres de l'assemblée que je ne voyais rien à faire jusqu'à ce que les députés de la province de Bruxelles se fussent réunis, ce qui devait avoir lieu sous peu de jours ; pour preuve de ce que j'avançais, je leur lus une partie de la lettre que Dumouriez m'avait adressée. Le jour suivant (le 19 décembre), j'écrivis à la commission des bourgeois de Namur, ville où j'avais mes quartiers, ainsi que la division qui était sous mes ordres (1). Le surlendemain, nous marchâmes sur

(1) Copie de la lettre du général Money, ancien commandant de l'armée belge à Louvain, au président de la commission de Namur.

« Citoyen président,

« Lorsque j'eus l'honneur d'accompagner les généraux Valence et Harville à la commission de Namur, pour y assister à la délibération relative à l'entrée des troupes dans la ville, plusieurs officiers, notamment de ceux qui avaient déjà servi dans l'armée belge, demandèrent avec beaucoup de chaleur que les régiments, qui avaient servi dans la dernière révolution, fussent réorganisés. J'ai fait connaître cette opinion au général Dumouriez, le lendemain même de son arrivée à Bruxelles ; mais

Liége. Le général Valence insistait pour que j'allasse voir Dumouriez, disant qu'il ne pouvait prendre sur lui de m'accorder la permission d'aller à Bruxelles.

Les troupes étaient très mécontentes de cette marche sur Liége ; aussi, chemin faisant, n'observèrent-elles ni ordre ni discipline ; d'ailleurs, il faisait un très mauvais temps : la route de Huy (1) était tel-

---

comme il n'avait pas d'ordres à ce sujet, il ne crut pas devoir prendre sur lui d'acquiescer à cette demande. Je lui ai écrit de nouveau depuis ce moment pour l'exciter à reformer cette armée, et à la réorganiser; mais il crut devoir m'ordonner que j'attendisse que les élections fussent achevées, et que la nation se soit formée en congrès national, afin qu'on n'agisse point à l'aventure; que la réintégration des troupes soit ordonnée, et que le gouvernement de la République m'en écrive. Je suis très convaincu de la sincérité du général Dumouriez, dont je partage parfaitement les avis ; aussi relativement à la réunion de cette armée, ou au recrutement d'une nouvelle, je ne me mêlerai de rien, sans en avoir reçu l'ordre du pouvoir exécutif légalement constitué Je me suis également adressé au pouvoir exécutif français afin d'avoir la permission d'entrer au service de la Belgique, dans le cas où l'on me demanderait mon épée, mais jusqu'à ce jour ma demande est restée sans réponse.

« J'ai l'honneur d'être, etc.,

« Général MONEY. »

(*Note de l'Auteur.*)

(1) Huy est un petit bourg, situé près de la Meuse entre Namur et Liége a peu près à moitié chemin de ces deux villes.

lement mauvaise que, jusqu'à ce jour, nous n'en n'avions pas encore rencontré de semblable; c'était au point que les hommes étaient obligés de franchir les haies et de passer à travers champs afin de rejoindre leurs cantonnements. Mon dernier quartier avait été à Engis, dans une maison qui, peu de temps auparavant, avait été pillée par les soldats de Dumouriez, sous le prétexte que son propriétaire était un aristocrate. Ce fut le sort de beaucoup d'habitants de Liége; ces excès ne provenaient ni de la volonté du soldat, ni de la négligence des officiers, car jamais peut-être discipline plus exacte n'avait été maintenue dans l'armée; mais bien du fait de la populace qui excitait les troupes à ces désordres, afin d'en recueillir les fruits. Il est d'ailleurs avéré que, dans ces contrées, la basse classe du peuple est beaucoup plus méchante que dans aucun autre pays de l'Europe.

Le lendemain, 21 décembre, je me rendis à Liége pour présenter mes civilités au général Dumouriez; mais, je ne pus en obtenir un instant d'entre-

---

La route, qui depuis Namur jusqu'à Huy a suivi la rive gauche de la Meuse, passe le fleuve à une demi-lieue d'Huy sur un beau pont de pierre, et suit alors la rive droite. Huy conserve quelques restes de fortifications anciennes et qu'on réparerait aisément.

(*Le Traducteur.*)

tien, car il s'était enfermé avec les généraux Valence et Miranda. Ce fut là que j'appris le décret de la Convention nationale par lequel tous les membres de la famille des Bourbons étaient bannis de France. J'ai remarqué que tout le monde parlait de ce décret avec beaucoup d'animation, et presque tous avec mécontentement. En ce moment même, je rencontrai le fils du duc d'Orléans (1), et le soir, étant à dîner à table d'hôte, j'aperçus enfin le général Dumouriez, qui paraissait fort contrarié, et ne disait mot à qui que ce fût, si ce n'est au général Miranda. Après le dîner, fermement décidé à obtenir une audience à quelque prix que ce fût, je le suivis pas à pas jusque dans sa chambre où je lui dis alors que, malgré ses grandes préoccupations, je me permettais de venir le déranger pour le prier de m'accorder la permission d'aller à Bruxelles; il m'accorda de suite ce que je lui demandais sous la seule condition d'en rendre

(1) Nul n'ignore que le fils aîné du duc d'Orléans (ou de Philippe-Égalité comme se faisait appeler le père) servait sous le titre de duc de Chartres, dans les armées de Dumouriez où il était général de brigade. Il prit même une part glorieuse aux journée de Valmy et de Jemmapes; devenu duc d'Orléans par la mort de son père, il devait plus tard prendre le titre de roi des Français sous le nom de *Louis-Philippe*.

(*Le Traducteur.*)

compte au général Valence. Je savais bien que cela était indispensable, dans l'intérêt de l'ordre et du service; aussi, quand bien même il ne m'en eût pas parlé, je n'y aurais pas manqué. Dumouriez voulut savoir si j'avais reçu quelques lettres d'Angleterre; où était mon pied-à-terre à Bruxelles; si je pourrais, sur sa première demande, revenir immédiatement à l'armée, etc., etc. De la manière dont il formulait ses questions, je fus bientôt convaincu qu'il avait conçu des doutes sur mon retour à l'armée; et, comme je pensais qu'il pouvait bien avoir raison d'en agir ainsi, je lui répondis de façon à ne laisser aucuns soupçons germer dans son esprit, en me gardant toujours la possibilité de retourner à Bruxelles, si j'étais rappelé à l'armée avant de pouvoir accomplir mon dessein. Aussi ne jugeais-je pas convenable de m'en ouvrir au général Valence, non plus même qu'à mon propre aide-de-camp. Le jour suivant, je revins à Namur, après avoir renvoyé à leur corps les deux soldats qui étaient attachés à mon service. Je ne pris pas la route directe de Namur par la raison que, lors de mon séjour à Dinant, je n'avais pas pu prendre tous les renseignements que je désirais avoir sur la position de la citadelle de Namur ni sur la manière dont le siége avait été conduit, et que je savais les avoir dans cette ville. A Namur, je fus présenter mes civilités au général Harville, qui me reçut avec la plus grande politesse, et me retint même à dîner. Je trouvai chez lui Danton et Lacroix, commissaires de la Convention nationale, qui venaient d'arriver dans la ville. Ils ne voulurent pas honorer notre souper de leur présence, et furent se loger dans le palais de l'évêque. Je dois mentionner ici la manière dont ils furent reçus par ce prélat, d'après le récit que m'en fit mon aide-de-camp qui les avait accompagnés. L'évêque, âgé d'environ soixante-dix ans, vint à leur rencontre jusque sur l'escalier. Lacroix lui dit en l'abordant : « Monsieur, nous vous accordons la permission de vous marier. » L'évêque n'eut pas l'air d'entendre, et leur répondit : « Messieurs, voici vos appartements. » Lacroix, ayant cru que l'évêque n'avait pas attendu ce qu'il lui avait dit, répéta sa phrase en ces mots : « Monsieur, nous sommes venus pour vous accorder la permission de vous marier. » L'évêque conserva le même air d'indifférence et répéta lui aussi sa phrase : « Messieurs, voici vos appartements, » puis il leur tourna le dos, et se retira. Personne, je le crois, ne disconviendra qu'une telle plaisanterie ne soit au moins fort inconvenante de la part d'un commissaire de la Convention d'une grande nation à l'égard d'un pauvre septuagénaire. L'évêque ne voulut point leur faire servir de repas, et ils furent forcés d'envoyer, chez le général Harville, demander une portion de ce souper qu'ils avaient refusé. Pour moi, à coup sûr, si j'avais été à la place du général, j'eusse nettement refusé; mais celui-ci, qui connaissait l'étendue sans bornes de leurs pouvoirs, eut crainte de les offenser.

Je n'oublierai jamais la fierté, ou plutôt l'extravagante conduite de ces messieurs, et, sans cela, si j'eusse trouvé en eux des hommes polis et de bon ton, je n'eusse pas hésité à leur faire part de ma résolution, tandis que, voyant ce qu'ils étaient, je ne leur dis pas un mot de mon affaire. Je ne veux pas ici juger tout le monde d'après la conduite d'un homme, et dire que tous les commissaires conventionnels fussent imbus des mêmes sentiments, mais ces deux là auraient dû mieux sentir leur valeur, eux qui appartenaient au parti qui jouissait alors de la plus haute considération dans la Convention; mais d'ailleurs n'est-il pas prouvé que certains hommes, lorsqu'ils sont dans une position un peu importante, se conduisent presque tous de la même manière; ils veulent faire sentir leur puissance, et agissent de façon à rappeler à ceux qui ont affaire à eux, ces vers de Schakspeare: « La grossièreté d'emploi etc., etc. » (1).

(1) J'ai en vain relu tout Schakspeare pour retrouver la tirade à laquelle l'auteur fait allusion ici; je n'ai pas été assez heureux pour pouvoir la mettre sous les yeux du lecteur, l'édition an-

Un homme au pouvoir se distingue bien facilement de celui qui n'y est pas : celui-ci est généralement doux et poli, tandis que d'ordinaire celui-là est impérieux et bouffi d'orgueil.

Je reviens à mon affaire.

Le lendemain, 23 décembre, je quittai Namur, et j'arrivai le soir même à Bruxelles ; le général Dumouriez ne tarda pas à y arriver également, ainsi que les commissaires. Toutes mes réflexions étaient faites; aussi allais-je chez Dumouriez pour lui présenter mes civilités, et pour lui faire connaître mes intentions de retourner en Angleterre; je ne crois pas avoir besoin d'ajouter qu'aucune offre, quelque brillante qu'elle fut, n'eût pu désormais me faire rester plus longtemps au service de la France (1). J'avais des

---

glaise de Money n'est pas plus explicite, elle ne cite également qu'un mot, qui n'a pu me servir davantage.

(*Le Traducteur.*)

(1) Je venais de recevoir d'Angleterre des lettres qui m'annonçaient que toutes les probabilités étaient pour la guerre avec la France ; et, en effet, d'après les journaux, ces conjectures ne pouvaient pas être révoquées en doute. Le général montrait beaucoup d'étonnement ou du moins avait l'air d'en montrer beaucoup à ce sujet, attendu, disait-il, que cette guerre n'était d'aucun intérêt pour les deux nations. J'invitai le général à me dire en homme d'honneur s'il pensait que, dans le cas d'une rupture avec l'Angleterre, je pouvais encore continuer mon ser-

relations secrètes avec quelques membres du congrès belge; ils me prièrent de me charger d'une requête pour le ministre de S. M. B.; mais, je leur fis observer qu'il serait beaucoup plus convenable de présenter leurs sollicitations par écrit. A cette observation, ils me répondirent, et avec raison, que, si par hasard Dumouriez venait à changer de sentiments à mon égard, ou que si les commissaires français venaient à apprendre que j'étais sur le point de quitter le service, je serais immédiatement arrêté, mes papiers visités, et que si l'on y trouvait la moindre trace de leurs projets, leur vie serait compromise ainsi que la mienne. Il fut donc convenu qu'aussitôt mon dé-

---

vice en France: il me répondit négativement. Je le priai alors de m'accorder la permission de m'en retourner dans ma patrie; il y consentit, me demandant seulement ma démission. Je lui répliquai que non-seulement, j'étais tout prêt à la lui donner, mais que même je l'avais sur moi. En la lui remettant, je sollicitai de lui un passeport; il me fit remarquer que la chose était complétement inutile, celui que j'avais pour mes domestiques lui paraissant plus que suffisant; d'ailleurs, il me promit de garder le secret jusqu'à ce que je fusse rendu en Angleterre. Je lui demandais alors s'il avait été content de mes services, sa réponse fut qu'il en avait été parfaitement content, et qu'il me regrettait beaucoup. Nous nous séparâmes ensuite, et je ne doute point qu'il n'ait complétement tenu la parole qu'il venait de me donner.

(*Note de l'auteur.*)

barquement à Douvre, je ferais une note sur tout ce qui s'était passé entre nous, et que je la présenterais au ministère au nom des membres les plus influents du congrès. Nos affaires ayant été arrangées de la sorte, je quittai Bruxelles dans le plus strict incognito et j'arrivai à Ostende, où le vent me força de demeurer deux jours, craignant à chaque instant d'être arrêté par ordre des commissaires de la Convention nationale, mais Dumouriez me tint fidèlement parole, et je pus enfin arriver à bon port dans ma patrie. Il ne se trouvait à Ostende qu'un seul bataillon de gardes nationaux; leur commandant ne prit aucune information relativement aux personnes qui s'embarquèrent sur le paquebot.

D'après les lettres que j'ai reçues à Bruxelles, et d'après les journaux anglais, il était évident que la guerre aurait lieu, et j'étais incertain si, lorsque j'aurais touché le sol natal, on ne m'y ferait pas un crime d'avoir pris du service pour le compte de l'ennemi. Mais comme ma conscience ne me roprochait rien, et que d'ailleurs j'avais rendu un compte fidèle de tous les mouvements de l'armée à mon ami, le général R....., je crus, bien que je n'eusse point eu une permission spéciale des ministres de S. M., pouvoir demander ma réintégration dans les cadres de l'armée à lord Sidney, ancien secrétaire d'Etat, en lui remettant le mémoire que j'avais autrefois adressé à sir Georges Young, pour le prier de m'accorder l'autorisation de servir dans une armée étrangère. Je n'avais pas reçu de réponse, mais comme on prétend que « *qui ne dit mot consent* » et que d'ailleurs j'y avais été formellement invité par quelques membres du congrès, je m'étais rendu dans le Brabant. Je savais aussi que le lieutenant d'artillerie, M. Kroler, y était en vertu d'une permission du duc de Richemond, et qu'il était appuyé des plus vives recommandations de lord Staedsfield; cela m'avait donné l'idée de chercher aussi quelques recommandations, et j'en obtins en effet une, dont la teneur suit, d'un général nommé Ainslie :

Mon cher major,

Je viens d'apprendre que vous disiriez avoir le certificat de vos services en Allemagne; je m'empresse donc de constater ici que vous avez servi dans un régiment de dragons appelé Elliot; régiment dans lequel j'avais alors l'honneur d'être major. Je vous rends donc ce petit service avec le plus grand plaisir en déclarant, par la présente, que votre conduite, pendant tout le temps que vous avez été dans le régiment, fut celle qui convient à l'homme chargé d'un commandement, c'est-à-dire pleine de zèle et d'honneur. J'aime à croire que les années qui se sont écoulées depuis cette époque n'ont exercé sur votre personne d'autre influence que de vous rendre un peu moins circonspect, car c'est le seul point sur lequel je désire trouver un peu de changement en vous, mais plutôt dans l'intérêt de vos amis que dans celui du service où allez entrer. Quelle que soit la contrée dans laquelle vous vous trouviez, je vous souhaite toutes sortes bonheur, et je suis de tout cœur,

Je reçus également une lettre du général Bourgoyne, mon ancien chef, dont voici la teneur:

Mon cher Money,

Votre bien affectionné, etc.,

Très honoré camarade,

G. Ainslie,

Général-major.

La justice et l'amitié me font un devoir de satisfaire à votre demande relative au certificat qui doit constater votre conduite pendant le séjour que vous fîtes au Canada, notamment pendant la campagne de 1776 où j'avais le sous-commandement général, et celle de 1777 où j'avais l'honneur de commander en chef l'armée d'expédition. J'atteste à toute personne à laquelle vous jugerez convenable de communiquer cette lettre que vous avez constamment mérité la plus grande reconnaissance de tous ceux qui vous ont employé, depuis l'instant où vous êtes devenu quartier-maître général, jusqu'à celui où vous avez bien voulu accepter la pénible mission de pourvoir aux approvisionnements de l'armée en vivres et en munitions ; et que vous vous y êtes particulièrement distingué dans l'année 1777 où la disette fit tant souffrir nos troupes. Quant aux brillantes qualités qui constituent le bon officier, je vous ai toujours cité comme un modèle, ainsi que pour l'intrépidité signalée dont vous avez souvent fait preuve. Les expressions dont je me sers ici, mon cher général, pour témoigner de vos services, ne sont pas encore ce qu'ils devraient être; mais, je pense que, malgré votre modestie, cette lettre pourra vous être de quelque utilité, et jettera quelque lumière sur vos mérites comme militaire. Je serais peiné de vous voir quitter le service de notre pays; mais, je suis persuadé que, quelle que soit l'armée où vous entriez, vous resterez toujours une des gloires de notre patrie. Mû par cette conviction et par mon estime personnelle pour vous, je forme, dans la sincérité de mon cœur, des vœux pour que vous réussissiez dans vos entreprises.

J'ai l'honneur d'être,

Monsieur et cher camarade,

Votre très humble et très obéissant serviteur,

J. BOURGOYNE,

Lieutenant-géénéral au service de S. M. le roi de la Grande-Bretagne.

« Londres, le 21 janvier 1790. »

Comme la paix de notre pays était alors assurée, je n'avais pas besoin de prendre une permission ministérielle pour entrer au service d'une autre puissance. Dans le cours de mon voyage à Paris, j'avais remarqué qu'il n'y avait pas alors la moindre probabilité de guerre entre mon pays et la France, quoique les désordres de cette nation ne pûssent manquer de nous devenir avantageux, tant sous le rapport commercial que sous le rapport manufacturier; j'ajouterai même que, dans ma pensée, plus ces désordres devaient durer, plus l'Angleterre en tirerait parti. Ces considérations m'avaient tranquillisé puisqu'elles me prouvaient que, sous aucun point, la guerre ne pouvait éclater entre nous et les Français. Je dois ajouter ici que nous nous conservions par là tous les avantages de la neutralité, puisque nous pouvions en profiter pour subvenir à tous les besoins des deux parties belligérantes, principalement en effets d'habillement et d'armement ainsi qu'en munitions de guerre. Voilà donc pourquoi je n'avais pas hésité un seul instant à accepter les propositions qui m'avaient été faites de prendre du service en France, par l'intermédiaire de quelques membres du comité militaire; et, sans aucune vanité, je puis dire ici que j'ai servi la France avec toute la fidélité et tout le zèle dont je suis susceptible.

Je dois également faire connaître ici qu'un grade élevé me fut offert dans l'armée des émigrés; je fis part de cette proposition à un lord de mes amis, qui s'écria aussitôt : « Eh quoi ! voudriez-vous combattre contre la liberté?» Je lui répondis que, bien loin de là, je ne prendrais jamais les armes que pour sa cause. Si je mentionne cette circonstance, c'est pour prouver que même au printemps de l'année 1792, les personnes les plus haut placées ne pouvaient pas savoir si je prendrais du service en France, moi-même étant encore indécis. On peut donc conclure de là la position dans laquelle je me trouvais alors, et quelle justification je pourrais donner de ma conduite, en admettant qu'une justification soit nécessaire. Maintenant je vais dire un mot de mon arrivée en Angleterre, car c'est encore un anneau de la chaîne.

A mon arrivée, j'écrivis à lord Dundas, secrétaire

d'État, pour lui demander une audience dans laquelle je devais l'entretenir d'affaires d'une haute importance. Déjà, à mon premier retour du Brabant, j'avais eu un entretien de lui, dans lequel je lui avais mandé que j'avais l'intention de lever mille hommes à mes frais pour la Compagnie des Indes. Ces mille hommes devaient être prêts en six semaines, afin d'être embarqués pour aller rejoindre l'armée qui combattait alors Tippoo-Saël, mais il ne m'avait pas donné son consentement.

Lord Dundas me reçut avec sa politesse habituelle ; je lui racontai comment j'avais quitté l'armée française aussitôt que cela m'avait été possible, et comment, vu les probabilités d'une guerre, je n'avais pas hésité un instant. Je lui donnai l'assurance qu'aucun sujet de Sa Majesté britannique n'était animé de plus de fidélité que moi, et je lui déclarai que, — bien que les offres les plus avantageuses m'eussent été faites pour rester au service de France, — aucune considération n'avait pu l'emporter sur ma résolution. Lord Dundas me répondit que j'avais parfaitement agi; il ajouta même qu'il avait vu la copie d'une lettre de Dumouriez à mon ami le général R... (qui la lui avait communiquée), lettre dans laquelle il était dit que l'on me conservait le commandement de l'armée qui allait être réorganisée dans le Brabant; tout cela, disait-il, avait son approbation la plus complète.

Je lui dis alors que, dans mon opinion, le but des Français était d'attaquer Maëstricht au printemps prochain, attendu que j'avais fait la remarque que toute l'artillerie de campagne qui avait servi au siége de Namur avait été conduite à Liége, et qu'il était impossible que cette disposition eût un autre but que Maëstrich dont la défense était dans un grand état de faiblesse. Après avoir répondu à une multitude de questions posées par lord Dundas, je pris congé de lui, non sans qu'il m'eût demandé en quel lieu il pourrait me trouver, s'il avait besoin de me parler.

Je lui avais également fait mention de la commission dont m'avait chargé plusieurs membres du congrès belge, antagonistes du gouvernement français; j'avais observé que d'ailleurs je communiquerais cette note par écrit à mon gouvernement, ce que je fis en effet en en donnant copie à lord Grenville.

Le sujet principal de leur requête était que, — dans le cas où l'on négocierait la paix, — le gouvernement britannique voulût bien leur accorder la protection et leur faire obtenir une constitution garantie par lui et qu'ils eussent la faculté de se choisir un gouverneur (ils désignaient le duc de G...); pour moi, je ne pensais pas qu'en ce moment, le parlement anglais donnât son adhésion à un tel projet.

Je fus satisfait que les ministres du roi eussent lu toutes les lettres que j'avais écrites pendant la campagne. M. Burges, secrétaire de lord Grenville, qui en avait lu quelques unes, me dit plus tard que si elles avaient été décachetées en France, elles m'eussent, à coup sûr, conduites à l'échafaud.

En ce moment-là, le malheureux Louis XVI comparaissait devant le tribunal; je tremblais qu'il ne perdît la vie; je me repentais beaucoup en ce moment d'avoir accepté un grade dans l'armée française; mais je m'imaginais qu'il y avait peut-être encore moyen de sauver le roi. — Je fis l'ouverture de mes projets à mon ami, le général G..., lui disant que je désirais avoir la permission des ministres de Sa Majesté pour me rendre à Paris où je verrais ce que l'on pourrait tenter. Le général abonda complètement dans mon sens et me répondit même que je pourrais peut-être mener les choses de telle sorte qu'on évitât la guerre.

Ayant consulté plusieurs autres de mes amis, et ayant trouvé leurs avis unanimes sur la bonté de mon plan, je me rendis avec le général R.... chez M. Burges, où j'appris que l'on désirait beaucoup le raffermissement de la paix; il me promit d'informer lord Grenville de mes projets; je lui offris alors de les lui communiquer par écrit, mais cela n'eut pas son approbation et il le considéra même comme superflu. Cette observation de M. Burges me frappa vivement; aussi, nonobstant ses promesses, je résolus de passer outre à ses bons offices et de faire valoir mon idée pour moi-même. En effet, je la mis à exécution dès le lendemain, mais sans avoir obtenu d'audience par le ministère de M. Burges, ce qui sûrement m'eût été difficile d'obtenir. Bien, qu'en ce moment, les ministres fussent très éloignés d'avoir des idées pacifiques, il me semblait cependant méritoire de faire quelques tentatives dans ce but, alors surtout que l'on pouvait, à si bon marché, sauver la vie du roi. L'écrit que je présentai à cette occasion à lord Grenville était conçu en ces termes :

« Mylord,

« Je demande à Votre Seigneurie la permission de l'importuner de ces quelques lignes.

« L'opinion favorable que le ministres de Sa Majesté ont acquise de mon attachement à la constitution britannique, et de mon zèle pour le bien de la patrie; la connaissance qu'ils ont du refus que j'ai fait aux offres du général Dumouriez, relativement au commandement de l'armée du Brabant; mon retour en Angleterre lorsque je me suis aperçu de quelques probabilités d'une rupture avec la France; tout m'encourage à prier Votre Excellence de vouloir bien m'accorder quelque attention à la proposition que je vais avoir l'honneur de lui soumettre.

« Etant persuadé que, pour une grande nation

comme la nôtre, la paix peut être d'un immense intérêt, et que nous avons tout à perdre et rien à gagner à la guerre, ayant de plus la conviction intime que, soit directement soit indirectement, aucune proposition ne sera faite par la France, je puis affirmer qu'aucune personne de distinction ne peut être envoyée pour en parler avec le ministre français, lequel, par suite de leur système d'égalité, s'est mis au même rang que son valet. Dans cette circonstance, j'ose me proposer à Votre Excellence comme le seul homme qui puisse accepter la mission de se rendre à Paris, si les ministres de Sa Majesté britannique n'ont pas d'objections à faire. Je prends la liberté d'ajouter à cette offre, que, connaissant personnellement un certain nombre de membres de la Convention nationale, je suis convaincu de pouvoir arriver par leur voie à une reconciliation qui pourra être faite pour notre pays à des conditions fort avantageuses.

« En offrant mes services dans cette circonstance, j'entends bien, Mylord, dire que je ne demande pour cette mission aucune rémunération, si ce n'est le juste remboursement des frais qui sont inévitables dans ces sortes de négociations.

« J'espère également qu'ayant eu dans l'armée française le grade de général, je serai accrédité à Paris en cette qualité, et j'ose me flatter que les ministres français ne trouveront aucun motif de refus à mon acceptation.

« Quant au malheureux roi Louis XVI, dans l'intérêt de sa défense personnelle, j'avais déjà exposé mes jours la veille de la terrible nuit du 10 août; j'ai déjà parlé de lui avec Carra et avec d'autres conventionnels, et je crois pouvoir dire d'après cela qu'il est infiniment probable que les hommes influents de la Convention accueilleront mes vues et lui rendront la liberté Si je suis légalement accrédité par vous, je puis, en cette circonstance importante, agir plus efficacement que sans mandat ni instruction. Dans le poste que je sollicite, je n'ai aucun doute que mon entreprise ne soit couronnée d'un heureux succès, et c'est pourquoi, je le sollicite.

« J'ai l'honneur d'être avec une haute considération,

« Mylord,

« Votre très humble et très obéi-
« sant serviteur,

« J. MONEY. »

Je courrais cependant, en allant à Paris, grand risque d'être guillotiné, surtout si le but de ma mission avait été divulgué; mais, connaissant particulièrement un certain nombre de membres de la Convention et notamment des plus influents, j'avais grand espoir d'arriver à une heureuse réussite. D'ailleurs, je savais que rien ne leur tenait tant à cœur que l'amitié du peuple anglais; que tout insulaire pouvait librement assister aux séances de la Convention ; qu'il avait libre accès dans toutes les parties de la République ; et puis la confiance que mes soldats avaient eue en moi me donnait l'assurance que mon voyage aboutirait à un heureux résultat.

La conversation que j'avais eue avec Carra m'avait suggéré la pensée que l'on pouvait sauver la vie du roi ; je savais d'ailleurs que la plupart des membres de la Convention étaient opposés à l'idée d'une guerre avec l'Angleterre, car je fus un jour témoin d'une discussion relative à l'armement de corsaires, et je dois dire que Lacroix fit une vive opposition à ce projet, en disant que ce serait le prétexte d'une guerre avec notre pays dont les ministres ne voulaient, suivant lui, qu'une occasion pour commencer les hostilités; il termina par ces mots : « Vous y perdrez toutes vos colonies des Indes occidentales », et conclut à l'ordre du jour qui fut en effet adopté.

A mon arrivée en Angleterre, tout le monde me disait qu'il se formait une conspiration dont le but était de renverser notre gouvernement et d'y substituer celui de la France ; que dans le but de la faire échouer, Douvres était fortifié, et qu'une portion de nos troupes se trouvait dans la capitale, et une autre dans les environs. Je ne voulus point ajouter foi à ces bruits qui ne me semblaient que l'écho de la malveillance et de la méchanceté. Ce n'est pas que Londres et Newcastle ne soient des villes où les émeutes ne puissent prendre un caractère très grave, mais ce sont les seules; car à Birmingham, à Manchester, à Nordwich, il suffira toujours de quelques soldats pour faire rentrer les exaltés dans l'ordre et faire raison de leurs projets extravagants.

Je devrais faire ici mention des mesures de sûreté qui avaient été prises relativement à la capitale, mais je les ajourne jusqu'à la fin des hostilités. J'ai l'intention de publier un traité relatif à la défense intérieure du royaume (1), traité que je soumettrai à l'inspecteur général du royaume et dans lequel j'indiquerai de quelle manière les 200,000 l. s., affectés à cet usage, peuvent être employées avec le plus de succès.

Quelques amis auxquels j'avais communiqué mes projets relatifs, non seulement à sauver la vie de roi, mais

---

(1) Le général Money n'a jamais fait ce travail ou tout au moins il n'a jamais été imprimé; mais les lecteurs qui seront curieux de voir les principaux projets qui ont été faits relativement à la défense de l'Angleterre, peuvent consulter avec fruit un livre fort curieux du capitaine d'artillerie Gabriel Salvador : *Agitation pour la défense nationale en Angleterre*, Paris, Corréard, 1849, un volume in-8°.

(*Le Traducteur.*)

encore à empêcher la guerre avec la France, me demandèrent quelle ligne de conduite il faudrait tenir avec cette nation ; quelles seraient les garanties que l'on aurait pour l'exécution des traités, etc. A cela je répondis par cette objection : « Quelles garanties avons-nous du maintien de la paix avec l'Amérique? » Les hommes qui en France étaient au timon des affaires, tels que Condorcet, Lebrun, Brissot, Rolland, etc., jouissaient d'une bien plus grande considération que ceux qui les ont remplacés, et de plus Dumouriez, auquel le prince de Cobourg avait décerné le titre flatteur d'*honnête homme*, Dumouriez était en ce moment à Paris.

On m'a dit que dans cette entreprise je jouais ma tête, mais c'était mon affaire, et puis s'il y en avait eu nécessité, ne devrais-je pas sacrifier ma vie à l'intérêt de mon pays; mais, je le répète, je croyais alors et je crois encore fermement aujourd'hui que j'eusse sauvé le roi, si je me fusse trouvé à Paris en même temps que Dumouriez. Qu'on se souvienne seulement que Louis XVI perdit la vie, faute de six voix (1) ; cent mille livres eussent empêché ce malheur, tandis que cet événement coûtera peut-être maintenant plus

(1) Je ne sais où Money a vu qu'il s'en était fallu de 6 voix que Louis XVI ne fût condamné ; en effet, le 16 janvier on délibéra

de cent millions à l'Angleterre en même temps que nous y perdrons peut-être de 20 à 30,000 hommes, sans parler ici de toutes les autres conséquences funestes d'une guerre si facile à éviter.

Quelques jours après que j'eus déposé la proposition relative à mon départ pour Paris, parurent dans

---

sur la question : *Louis est-il coupable?* L'assemblée était composée de 749 membres :

Absents par commission	20
Malades	9
Non votant	1
Votant pour l'affirmative	693
Se récusant	26
	749

Le même jour on délibéra sur la question : *Y aura-t-il appel au peuple?*

Absents par commission	20
Malades	9
Pour	281
Contre	423
Se récusant	1
Non votant	4
Opinion motivée	11
	749

Le 16 janvier on délibéra sur la question : *Quelle peine sera infligée?*

les journaux la note de M. Chauvelin et la réponse qu'y fit lord Grenville. Le lecteur attentif fera sur ce point les observations nécessaires; quant à moi, je ne veux en tirer aucune remarque, car j'avais déjà fait plus que mon devoir en prouvant aux ministres le résultat de leurs refus.

Absents par commission	15
Malades	8
Non votant	5
Pour les fers	2
Bannissement à la paix ou mort en cas d'invasion du territoire par l'étranger	286
Mort avec sursis	46
Mort sans conditions	387
	749

Déduction faite des 28 absents ou non votant, il restait 721, membres la majorité absolue était de 361, il y eut donc 26 voix pour la mort sans conditions.

Le 19, l'acte de Louis XVI portant appel au peuple fut déclaré nul d'après le vote suivant :

Absents par commission	17
Malades	21
Absents sans motif connu	8
Non votant	12
	58

Aussitôt que la nouvelle de la mort du roi fut arrivée à Londres, accablé de douleur je quittai cette ville et je me rendis à ma maison de campagne, à Norfolk, où je déplorai dans la solitude la triste destinée de ce monarque si mal conseillé. Je dis « mal conseillé » parce que, — s'il n'avait, à la demande de Lafayette, éloigné du ministère Dumouriez, Rolland et leurs collègues, — à coup sûr ce qui est arrivé n'eût pas eu lieu, et il n'eût point terminé son existence sous la main du bourreau.

Maintenant, je vais donner au lecteur une courte esquisse de ce qui s'est passé à l'armée après mon dé-

---

Le nombre des votants fut de	690
La majorité absolue était donc de	346
Pour	310
Contre	380
Majorité contre le sursis	70

Le cas le plus favorable au roi fut donc celui de la troisième question ; et encore eut-il 26 voix contre lui ; mais comme les 46 qui votèrent la mort avec sursis doivent rentrer dans le cas de la peine de mort, le roi fut en réalité condamné par une majorité de 72 voix ; et je crois qu'il eût été bien difficile de gagner ces voix, ce dont tout le monde conviendra après avoir lu les séances de ce jour au *Moniteur*.

(*Le Traducteur.*)

part. Dumouriez a déclaré lui-même qu'il ne s'était rendu à Paris que dans le but de sauver les jours du roi, mais, voyant que ses efforts ne produiraient d'autres résultats que de compromettre ses jours, il retourna à l'armée de Flandre, afin d'y négocier la paix avec lord Aukland (à Haag) en vertu des ordres du pouvoir exécutif. Sur ces entrefaites la Convention nationale nous déclara la guerre ainsi qu'à la Hollande (1), soit que d'abord elle crût que la guerre était inévitable avec l'Angleterre, soit qu'elle se figurât que Dumouriez serait à Amsterdam avant que nous fussions en mesure de porter secours aux Hollandais, soit enfin qu'elle s'imaginât que le ministre Chauvelin avait été outragé par notre gouvernement.

Telle était la situation des affaires au mois de février (1793) ; mais par cela même que nous armions, la Hollande fut sauvée. Dans ce pays, la classe inférieure de la population était fort disposée à recevoir les Français à bras ouverts : Breda (2) fut occupée

(1) 1er février 1793.

(*Le Traducteur.*)

(2) Breda, place de 13,000 hommes, située au confluent de l'Aa et de la Merk (que quelques géographes appellent aussi la Demark), dans un pays facile à inonder et rempli de marais ; possède une bonne citadelle, une école militaire, dite *Académie*,

sans résistance; Villemstadt (1) ne fut sauvée que par la présence et la bravoure de marins anglais ainsi que par la courageuse défense de sa garnison; Gertruydenberg (2) n'était guère mieux en état de résister que Breda; Dumouriez avait donc ainsi atteint son « *nec plus ultra.* » Le duc d'York se trouvait à Brill avec un détachement de la garde à pied; c'est alors que Miranda et Valence prirent sur eux de s'emparer de Maëstricht (3); pendant qu'ils négociaient avec

---

à laquelle ont été réunies les écoles d'artillerie et du génie de Delft; prise par les Français en 1590, 1625, 1793 et 1795, Breda fut occupée par les Russes en 1813.

(*Le Traducteur.*)

(1) Petite ville de 1,900 habitans avec de mauvaises fortifications; elle est située sur le Hollandsdiep qui est une des bouches de la Meuse. L'auteur appelle à tort cette ville *Villiamst.dt*, il faut lire *Willemstadt.*

(*Le Traducteur.*)

(2) Gertruydenberg, petite place fortifiée de 1,300 habitans, au confluent de la vieille Meuse et du Biel-Bosch; elle fut prise par les Français en mars 1793, et par les Russes, le 13 décembre 1813.

(*Le Traducteur.*)

(3) Mastricht (ou plus communément Maëstricht) est située sur la rive gauche de la Meuse, sur laquelle passe un beau pont de pierre de 167 mètres de long qui fait communiquer Maëstricht avec le faubourg de Wyk; une citadelle couronne le Pétersbourg, au sud de la ville; on y fabrique des armes; elle possède un grand

lord Aukland, ils y firent entrer des renforts et s'approvisionnèrent pour l'hiver.

En ce moment, le prince de Cobourg était à Bonn avec 40,000 hommes; Valence qui était obligé de couvrir le siége de Maëstricht n'avait guère plus de monde que le prince. Ses troupes étaient disséminées dans un rayon de plus de six milles allemands, tellement que le moindre mouvement des colonnes autrichiennes pouvait les anéantir; son cordon n'avait aucun ensemble; il ne s'appuyait à aucun village fortifié; il n'avait aucune position avantageuse dans ses cantonnements; en un mot tout était en désordre dans son armée.

Aussitôt que l'avant-garde autrichienne se fit voir, l'armée française se retira à la hâte derrière la Meuse; une portion se retira à Liége, une autre, sous les ordres de Miranda, vint prendre position à Saint-Tron (1) et dans les villages environnants; le siége de

---

arsenal et un hôpital militaire; sa population est de 22,000 âmes; elle fut assiégée en 1748 par les Français, sous le commandement du maréchal de Saxe.

(Le Traducteur.)

(1) Saint-Tron (en vallon Saint-Truyen), sur la route de Bruxelles à Liége, possède des manufactures d'armes; population : 7,500 hommes; il y eut à Saint-Tron un léger engagement entre

Maëstricht était levé. C'est alors que Dumouriez ouvrit les yeux sur les vices de son plan de campagne, car il est juste de dire que jamais général n'avait commis une erreur aussi grande que la sienne.

Un personnage assez haut placé, auquel je fis part de ces observations, m'a dit qu'il eût été satisfait que Dumouriez eût alors occupé Breda et Willemstadt parce qu'il se serait affaibli par les garnisons de ces deux places, tandis que, dans le cas contraire, il pouvait, avec toutes ses forces réunies, tenir avantageusement tête au prince de Cobourg; en effet, cela était possible, car bien que Dumouriez eût été favorisé au-delà de toutes ses espérances, que Breda, Willemstadt, Berg-op-Zoom (1), Bois-le-Duc (2) et toutes les

---

les Français et les Prussiens, le 24 janvier 1814, l'avantage resta à ces derniers.

(*Le Traducteur.*)

(1) Berg-op-Zoom (ou Bergen-op-Zoom) est une place très forte et que l'on considère comme le chef-d'œuvre de Coëhorn; les abords peuvent en être complétement inondés; elle communique par l'Escaut oriental avec un fort défendu par les trois forts de Moermont, de Pinsen et de Rover; sa population est de 7,500 habitans; prise par les Français en septembre 1747 et en 1795, les Anglais tentèrent inutilement de la surprendre le 8 mars 1814.

(*Le Traducteur.*)

(2) Bois-le-Duc (et en brabançon S'Hertogen-Bosch, l'auteur a écrit par erreur Sterzogen-Bucsh) au confluent de l'Aa et de la

villes en deçà de la Meuse lui eussent ouvert leurs portes sans coup férir, il n'aurait pu y mettre de troupes sans être obligé d'opter entre le siége de Maëstricht ou la résistance aux troupes du prince, ce qu'il possédait sur la rive gauche de la Meuse étant plutôt à son désavantage qu'à son avantage. Il leva donc le camp de Willemstadt avec 23,000 hommes de ses meilleures troupes, pour rallier à Tirlemont (1) les armées en retraite de Miranda et de Valence ; c'est alors que, le 17 et le 18 mars, il livra la fameuse bataille de Linden ou Neerwinde. La description de cet incomparable fait d'armes est connu de tout le monde,

---

Domel, est défendue par une citadelle nommée Guillaume-et-Marie et par les deux forts Antoine et Isabelle; ses fortifications peuvent être complétement inondées. Cette place qui renferme plus de 20,000 âmes et dans laquelle est un immense arsenal, fut prise par les Français le 9 octobre 1794, et emportée par les Prussiens le 28 janvier 1814.

(*Le Traducteur.*)

(1) Tirlemont (en brabançon Tienen) sur la grande Geete, petit affluent de la Demer, avec de bons remparts et une population de 8,000 âmes; l'auteur qui va parler plus bas avec grands détails de la bataille de Neerwinde, perdue par Dumouriez le 18 mars, parle en deux mots ici d'un premier engagement qui eut lieu le 16 entre les Français et les Autrichiens, mais qui, contrairement à ce qu'il dit, resta à l'avantage des premiers.

(*Le Traducteur.*)

cependant je vais donner ici différents détails que j'ai recueillis de la bouche d'un officier autrichien qui avait assisté au combat :

« Le général Dumouriez, en arrivant le 10 mars à Bruxelles, trouva dans la ville une fermentation telle qu'on y eût dit une émeute ; il calma les habitants, en leur promettant d'examiner avec impartialité leurs sujets de plaintes, les menaçant en même temps d'un châtiment sévère, s'ils se livraient à quelque excès. Il fit venir des troupes de Flandre, à marches forcées, et leur donna pour point de réunion les environs de Louvain, où il arriva lui-même le 16 au matin.

« Le 16, nos troupes légères avancèrent de Saint-Tron à Tirlemont, dont elles prirent possession ; mais elles furent forcées de l'évacuer à l'approche du général Lamarche qui s'avançait à la tête d'un corps considérable de troupes légères; en même temps, nous aperçûmes à notre gauche un corps considérable de cavalerie ennemie ; nous établîmes notre camp près de Neerwinde, ayant devant notre front une petite rivière appelée Grété (1).

« Le 17, le général Égalité (2) avança sur notre

(2) Il faut lire la Geete, c'est donc ainsi que je traduirai doré-navant. (*Le Traducteur.*)

(3) Le duc de Chartres, depuis Louis-Philippe roi des Français. (*Le Traducteur.*)

gauche à la tête d'une colonne d'environ 20,000 hommes d'infanterie, et d'un corps considérable de cavalerie. C'est alors que l'armée ennemie toute entière s'ébranla et qu'une vive canonnade fut engagée ; l'ennemi passa la Geete; nous avançâmes et le repoussâmes sur sa première position en lui prenant vingt canons qu'il fut forcé de laisser entre nos mains en repassant la rivière.

« Le 18, au point du jour, nous vîmes l'ennemi s'avancer sur nous de différents côtés; sa ligne débordait la nôtre d'environ un quart de lieue de chaque côté ; l'extrémité de son aile gauche touchait Vilmarsum, et celle de son aile droite s'appuyait à Gutsemhoven (1). En outre de ses ressources et son arrière-garde, nous apprîmes que l'ennemi avait près

---

(1) Le colonel Rocquancourt. dans son *Cours d'art et d'histoire militaire* explique ainsi la position des Autrichiens : « La ligne (autrichienne) régnait sur les hauteurs entre la petite Geete et le ruisseau de Landen, dans une direction perpendiculaire à celle du prince d'Orange en 1693. La droite s'étendait à Dorsmaël et à la chaussée de Tirlemont; la gauche à Oberwinden. Le front était couvert par la petite Geete et les villages d'Orsmaël, de Neerwinde et de Mittelwinde. » Je ferai remarquer que l'auteur a écrit partout *Dorsmeal* et *Orsmeal*, noms auxquels j'ai substitué les véritables noms qui sont *Dorsmaël* et *Orsmaël*.

(*Le Traducteur*.)

de 60,000 hommes sur le champ de bataille. Le combat commença entre 6 et 7 heures du matin ; à 8 heures une forte colonne s'avança sur la route de Saint-Tron et délogea notre corps franc qui stationnait près d'Orsmaël. L'archiduc qui commandait l'avant-garde, fit établir une batterie pour tirer sur ce point; on leur démonta quelques pièces; mais l'ennemi, favorisé tant par la nature du terrain que par le nombre de ses troupes, fit avancer, sur sa gauche, une forte colonne qui fut confiée au général Miranda et qui parvint jusqu'à Leaw (1), en même temps qu'à sa droite une autre colonne marchait sur Racour; il agissait ainsi pour nous prendre en flanc de part et d'autre; le centre restait intact afin d'être prêt à tout événement.

« Le prince de Cobourg donna les ordres nécessaires pour que ces deux colonnes fussent attaquées avec toute la vigueur et toute la promptitude possible. Le prince de Wurtemberg reçut l'ordre de marcher sur Leaw avec deux régiments d'infanterie, un de cavalerie et plusieurs batteries; il avait à peu près 6,000 hommes sous ses ordres; il attaqua la colonne

---

(2) Il faut écrire *Leaw* et non pas *Lean* comme l'a fait le général Money.

(Le Traducteur.)

de Miranda, la repoussa et la poursuivit jusqu'à Lean, après en avoir fait un immense carnage. L'approche de la nuit força le prince de Wurtemberg à suspendre sa poursuite et à rejoindre l'armée. M. Beniowsky aperçut un mouvement semblable entre Orsmaël et Dormaël, et le prince de ** attaqua le centre de l'ennemi pendant que le prince Charles le chassait d'Orsmaël. L'ennemi ne put résister à aucune de ces attaques ; nous lui tuâmes beaucoup de monde et nous lui prîmes un grand nombre de pièces de canon. Mais bientôt nous nous aperçûmes que sa principale attaque était dirigée sur notre aile gauche, à Racour ; c'était Dumouriez lui-même qui opérait ce mouvement et le dirigeait à la tête de 30,000 hommes de ses meilleures troupes. Le général Clerfait marcha à sa rencontre après avoir fortifié son corps, qui était notre réserve, de 4 bataillons hongrois. Le combat fut long et indécis. Dumouriez, voyant cependant que le désordre gagnait sa première ligne, fit avancer la seconde.

« Entre 4 et 5 heures du soir, nos homme/avaient  épuisé toutes leurs munitions, bien que chacun d'eux eût le matin plus de soixante cartouches. C'est alors que Dumouriez fit avancer sur son centre un nouveau corps de cavalerie qui n'avait pas encore combattu. Le moment était critique ; mais Clerfait fit également avancer le régiment des cuirassiers Nassau, fort d'environ 1,400 cavaliers, et chargea à leur tête avec une telle impétuosité que la ligne ennemie fut rompue. Cette charge décida de la journée ; la cavalerie française fut culbutée et mise en déroute; mais le beau régiment de Nassau ayant voulu la poursuivre fut pris entre deux batteries et reçut une décharge à bout portant des 16 pièces qui les composaient ; 270 hommes tombèrent sur le coup; l'ennemi essaya de couper la retraite des autres, mais ils parvinrent à rejoindre nos lignes. En ce moment l'aile gauche et le centre des Français étaient en pleine retraite; l'aile droite ne tarda pas à rétrograder également, et la nuit seule mit fin au combat.

« Nous avions été près de deux nuits et trois jours aux prises, sans pouvoir prendre un seul moment de repos. En raison de l incertitude de la bataille, tous nos bagages étaient restés à l'arrière-garde ; et, pendant toute la journée du 18, nos troupes n'avaient pu avoir d'autre nourriture que du pain et de l'eau à demi corrompue.

« Comme nous n'avions plus de munitions et que, malgré la probabilité que le combat recommencerait le lendemain, nous n'avions pas l'espoir d'en avoir de nouvelles, il fut décidé, en conseil de guerre, que le camp ennemi serait attaqué le lendemain à la bayonnette entre 3 et 4 heures du matin.

« Nous avançâmes, sous les ordres du général Clerfait, dans l'ordre le plus parfait et dans le plus profond silence, mais lorsque nous abordâmes le camp ennemi, quelle ne fut pas notre surprise en nous apercevant que l'ennemi avait profité de l'obscurité pour se retirer sur Hochgarten (1).

« A la pointe du jour, nous reçûmes des munitions, et à 10 heures nous nous mîmes en marche pour attaquer l'ennemi, mais il se retira en si bon ordre qu'il fut impossible à notre cavalerie de l'entamer ; cependant l'infanterie hongroise, saisie d'impatience, se précipita au pas de charge sur lui, et le mit dans une déroute telle qu'une grande partie de ses hommes fut culbutée dans la grande Geete et qu'une autre non moins considérable périt par les armes.

« Ainsi se termina cette bataille qui, on peut le dire, avait duré trois jours. »

Il serait injuste de juger la conduite d'un général surtout lorsque l'on n'a pas été sur les lieux, et pourtant il est arrivé plus d'une fois qu'un général a été traduit en conseil de guerre et condamné à mort par des hommes qui n'avaient jamais assisté à une affaire de la même nature que la sienne. J'avais eu l'occasion de voir la plus minime parcelle du terrain sur lequel se livra cette bataille puisque j'y avais commandé

---

(1) Lisez Houguarde.

(*Le Traducteur.*)

un corps de 7,000 hommes au moment de la révolution de Brabant; c'est pourquoi, je crois, sans aucun scrupule, pouvoir faire quelques observations sur la bataille de Neerwinde.

Le général Dumouriez ne devait pas passer la Geete avec son artillerie; il aurait mieux fait d'établir quelques redoutes sur les hauteurs qui se trouvent des deux côtés de la chaussée qui conduit à Tirlemont. Il ne devait pas charger le général Miranda de tourner le flanc droit des Autrichiens, puisque, de l'autre côté de la ville, la position était si favorable que 6,000 hommes purent en battre 20,000. Il aurait tenu les Autrichiens en respect au moyen des redoutes dont j'ai parlé plus haut, et en envoyant un corps de troupes sur l'aile gauche des Autrichiens, il les eût indubitablement forcés d'abandonner leur position à Neerwinde et de se retirer à Saint-Tron et peut-être même à Maëstricht; probablement les eût-il forcés d'engager l'action sur un terrain moins avantageux pour eux que celui sur lequel la bataille fut livré. Il passa la Geete pour attaquer l'ennemi placé en arrière de cette rivière, et quand il dut la repasser, il laissa 20 canons aux mains des Autrichiens. Le roi Guillaume livra bataille entre les deux fleuves (1), mais le prince de Cobourg avait

(1) La première bataille de Neerwinde avait été livrée préci-

une position bien plus avantageuse, attendu qu'il ne pouvait pas être attaqué de front. Le flanc gauche de cette position eût pu être enveloppé, mais avec une plus forte armée; Dumouriez eût pu alors couvrir Bruxelles et tous les Pays-Bas, en laissant la Geete en

---

sément un siècle avant celle de Dumouriez; elle eut lieu le 29 juillet 1693. Le prince d'Orange occupait un terrain élevé, entre la petite Geete et le ruisseau de Landen, couvrant sa droite par Neerwinde, sa gauche par Romsdorff; ces deux villages, ainsi que tout le front de la position, étaient entourés d'une ligne non interrompue de retranchements ou d'obstacles naturels, garnis de 90 bouches à feu dont quelques obusiers. En un mot l'armée ennemie semblait être postée derrière un grand front de fortifications dont Neerwinde et Romsdorff étaient comme les bastions. Le maréchal de Luxembourg eut facilement contraint le prince d'Orange à changer de terrain en manœuvrant sur les communications, mais il préféra l'attaquer de front. Nous fûmes vingt-quatre heures à faire nos préparatifs et tous nos efforts se portèrent contre Neerwinde, qui était le point saillant et la clef de cette position formidable. Trois fois nos troupes y pénétrèrent sans pouvoir s'y maintenir; ce village tenait à la ligne ennemie dont il recevait de prompts secours. Il n'est pas étonnant que des bataillons qui s'avançaient en bataille et lentement contre des adversaires invisibles, protégés par une nombreuse artillerie, pour pénétrer ensuite dans des rues étroites et barricadées, fussent bien vite dégoûtés d'une lutte aussi inégale et aussi meurtrière. Malgré le plus héroïque courage, l'infanterie française eut sans doute échoué dans une quatrième attaque, si Feuquière, saisissant l'instant

avant de son front et même sans livrer aucun combat (1).

Après sa retraite des provinces belges, Dumouriez forma le projet de livrer Lille aux Autrichiens; mais ayant échoué dans la tentative d'enlever son armée et de la conduire sur Paris pour y renverser la Convention nationale, il abandonna l'armée en livrant à l'ennemi les cinq commissaires qui étaient venus pour l'arrêter. Je ne ferai qu'une seule remarque sur la conduite de Dumouriez, c'est qu'il eût été plus hono-

---

favorable où l'ennemi avait dégarni son centre pour renforcer sa droite, ne s'était précipité dans les retranchements à la tête de quelques escadrons, prenant ainsi le village de Neerwinde à revers. Cette manœuvre qu'on eût dû tenter plus tôt décida du succès de cette journée qui, sans cela, n'eût été qu'une boucherie sans résultat. Toutefois, Feuquières a raison lorsqu'il dit dans ses *mémoires* que la forme retrécie de cette position, dont les derrières se terminaient en pointe à la petite ville de Leaw, était un motif pour entreprendre de la forcer. En effet, l'ennemi refoulé dans un angle, obligé de repasser la Geete, éprouva des pertes immenses dès les premiers instants de sa retraite.

(Le Traducteur.)

(1) Voyez le détail que Dumouriez a donné de cette action dans les mémoires qu'il vient de faire paraître pendant l'impression de mon ouvrage. *(Note de l'Auteur.)*

Quoi qu'en dise l'auteur, Dumouriez avait eu raison d'attaquer l'ennemi ; l'heureux succès du combat de Tirlemont avait ranimé

rable pour lui de quitter l'armée sans commettre une semblable action.

Le duc d'York ayant reçu l'ordre de rejoindre l'armée du prince de Cobourg dans le Brabant, j'écrivis la lettre suivante à lord Amherst, dans le but d'obtenir un emploi auprès du prince :

Crownpoint (près Norwich), le 6 avril 1793.

« Mylord,

« Je demande à Votre Seigneurie la permission de l'inportuner de ces quelques lignes. Je l'eusse fait plus tôt si je n'en eusse point été empêché par une indisposition. Je crois qu'il n'est point hors de propos de vous rappeler, quoique vous le sachiez déjà, que

---

ses troupes, et une bataille pouvait seule sauver la conquête de la Belgique; mais il ne devait point aborder de front, et ce qui rend sa conduite encore moins excusable, c'est qu'il pouvait à son gré, et suivant que le terrain et les dispositions de l'ennemi s'y prêtaient le mieux, tourner ou l'aile droite ou l'aile gauche de la position sans découvrir ses communications. En effet, était-on battu à la suite d'une manœuvre sur l'aile gauche, on se retirait sur Nivelle ou sur Namur; préférait-on au contraire diriger ses efforts sur l'aile droite, on rétrogradait sur Anvers, en ralliant la division de Lier et le corps de Hollande.

(*Le Traducteur.*)

j'ai fait la dernière campagne en qualité de maréchal-de-camp français, mais il faut dire aussi que ce n'était pas de la République que je tenais ce grade, mais bien du malheureux roi défunt, car, après sa mort, j'ai refusé non seulement le grade de lieutenant-général, mais encore le commandement de l'armée belge. J'ajouterai également qu'à mon retour en Angleterre, je fus reçu d'une manière très affable par les ministres de Sa Majesté, et qu'ils ont vu toute ma correspondance relative à cette campagne. Après cette introduction nécessaire, j'arrive au motif qui me fournit l'honneur de vous écrire : c'est un devoir que je tiens à remplir envers mon souverain, envers ma patrie, envers moi-même ; c'est l'offre de mon épée. J'ai déjà trente-quatre ans de services, j'ai été quartier-maître du général Bourgoyne. Si Sa Majesté veut bien m'employer à l'armée de Flandre, je ferai tout ce qu'il dépendra de moi pour me rendre digne de votre recommandation. Je n'ai pas d'autres titres à faire valoir que mes nombreuses campagnes, mon obéissance aux lois et ma fidélité à notre heureuse constitution.

« J'ai l'honneur d'être, etc.,

« J. Money. »

Lord Amherst voulut bien m'honorer d'une réponse excessivement flatteuse que je ne puis reproduire ici, n'ayant pas son autorisation pour la publier; tout ce que j'en puis dire c'est qu'il m'écrivait à peu près que la place de quartier-maître-général n'était pas dans ses attributions, mais bien donnée ordinairement par Sa Majesté elle-même. D'ailleurs ce n'était pas ma première tentative infructueuse pour obtenir cette place.

Mon désir est de faire savoir à mes compatriotes que je me suis toujours efforcé d'obtenir du service, non seulement à l'intérieur, mais aussi à l'extérieur, afin de partager avec eux la gloire, les peines et les dangers de la campagne; en conséquence de quoi, j'aurais désiré que Sa Majesté m'employât à un service quel qu'il fût. C'est ce motif qui m'avait fait joindre à ma lettre pour lord Amherst un mémoire dont je vais parler ci-après. Après avoir épuisé tous les moyens imaginables pour obtenir du service, je consignai toutes mes démarches dans un placet que je présentai au roi et qui resta également sans réponse.

Le sujet de mon mémoire consistait dans le plan de la création de 600 chasseurs à pied, et, bien que ce projet n'ait pas reçu immédiatement l'approbation des ministres, je dois dire que tout au moins Sa Majesté lui fit un accueil très flatteur pour mon amour-propre. D'ailleurs je ne demandais aucun rang extraordinaire pour moi, je n'aurais point voulu nuire à aucun officier, même des plus anciens, quoiqu'il y en eût peu dont les services égalassent les miens; car il y a aujourd'hui dans les rangs de l'armée beaucoup d'officiers qui n'y étaient pas encore, alors que j'avais déjà guerroyé en Hanovre.

On ne doit pas s'étonner de cela, attendu que les colonels Lamarche, Lecomte et Imloy, par exemple, qui ont tous trois servi sous mes ordres, étaient officiers bien avant que ne fût né le général Valence, qui aujourd'hui commande en chef. A coup sûr si j'étais le seul dont les services eussent été méconnus, je pourrais avoir raison de m'en plaindre, mais combien n'y en a-t-il pas qui se trouvent dans le même cas!

A propos de la création de chasseurs dont je viens de parler, je vais dire ici quelques mots pour développer ma pensée.

Les chasseurs sont des troupes inséparables d'une grande armée, surtout dans un pays couvert; cependant la plupart de nos généraux n'en ont aucune idée puisqu'ils me soutenaient que l'infanterie légère peut très bien remplir le rôle de ceux-ci, mais les officiers qui ont servi sur le continent sont unanimes pour reconnaître qu'il n'y a aucune similitude entre ces deux armes. Lorsque le fantassin léger qui, dans les exercices, a appris à faire le feu de peleton, est appelé à défendre une haie, par exemple, contre des chasseurs ennemis dont le point de mire est infaillible, — s'il a eu le bonheur de ne pas être atteint au premier coup de feu tiré contre lui, il passe son fusil à travers la haie et fait feu dans la direction d'où s'est envolée la fumée de l'ennemi, jusqu'à l'épuisement complet de ses cartouches. Dans un cas semblable que ferait au contraire le chasseur : du moment où il entend la balle siffler à ses oreilles, il se cache, il rampe vers la haie, regarde au travers le feuillage sans se faire voir et ne fait feu que lorsqu'il a aperçu son adversaire, car alors seulement il est sûr de son affaire, c'est-à-dire de tuer ou tout au moins de blesser l'ennemi. Dans une heure, c'est tout au plus s'il perd cinq ou six balles, tandis que le fantassin en perd trente (1). Outre le combat, les chas-

(1) Les feux de l'infanterie étant exécutés à des distances trop grandes et sans moyen de pointage sont d'un effet presque nul. Le général d'artillerie Gassendi estimait qu'il fallait 3,000 cartouches pour mettre un homme hors de combat. Cette évaluation, tout exagérée qu'elle paraisse au premier coup d'œil, est pourtant au-dessous de la réalité, et on trouve dans l'ouvrage de Decker que les meilleurs écrivains militaires de l'Allemagne estiment qu'il faut un million de cartouches pour tuer une centaine d'hommes, en y comprenant les effets de l'artillerie. Cet énorme gaspillage de munitions tient à ce que les lignes d'infanterie ouvrent leur feu à 1,000 et 1,200 mètres et visent comme si l'ennemi était à bonne portée ; de là résulte que les balles vont rencontrer le terrain à environ 200 mètres, s'y aplatissent ou ricochent plus

seurs ont encore un autre avantage, celui de leur habillement ; leurs vêtements sont verts, ou bien gris, ou bien aussi d'une couleur foncée, de façon qu'ils peuvent approcher l'ennemi à une distance assez rapprochée sans en être aperçus. Leurs officiers sont aussi habiles qu'eux dans toutes les pratiques du métier, tandis que les nôtres, — s'il y a à peine huit jours qu'ils sont dans une compagnie, — croient tout con-

---

ou moins loin et vont presque toujours en deçà de la ligne ennemie, tandis qu'il faudrait alors ou ne pas tirer ou tirer sous un angle de 15 à 20°. Cependant, grâce aux écoles de tir de Vincennes, Saint-Omer, Toulouse et Grenoble, dont les instructions sont rapportées dans nos régiments, on peut espérer que dans les guerres ultérieures, le gapillage sera moindre et la probabilité d'atteindre beaucoup plus grande. Les progrès de nos soldats aux écoles régimentaires de tir sont assez remarquables pour que l'on puisse admettre que dorénavant une balle sur trente atteindra le but à environ 400 mètres, grâce à la hausse dont sont munies nos armes nouvelles et aux procédés indiqués pour y arriver. D'ailleurs, on commence maintenant, chez nos chasseurs à pied, à supprimer le commandement de *feu*, se bornant à celui de *joue* et laissant agir le coup d'œil et l'intelligence de l'homme qui ne peuvent être dirigés par la tactique. Il faut espérer que ce mode sera introduit dans l'infanterie ; les feux d'ensemble seront moins parfaits, mais ils y gagneront en certitude, ce qui serait un immense progrès.

(*Le Traducteur.*)

naître alors que tout leur reste à apprendre. Les chasseurs ennemis n'ont pas de tentes ni de baraques, afin d'éviter d'être aperçus. Lorsqu'ils ont une reconnaissance à faire, trois ou quatre d'entre eux s'en vont en avant et les autres restent cachés dans un village, dans une ferme, dans un bois, tout prêts à secourir ceux qui se sont portés en avant. Enfin, leurs armes diffèrent essentiellement des nôtres en ce qu'elles sont cannelées et non pas à canon lisse.

Je me suis entretenu un jour de cette création avec un lord, en lui faisant observer qu'à l'armée du duc d'York, nous n'avions pas un seul bataillon de cette arme, tandis que trois ou quatre régiments y seraient de la plus grande efficacité pour être opposés à l'ennemi, en cas de guerre. D'après l'opinion de tous les officiers qui ont fait campagne, j'arrive à cette conclusion que si nous avions eu quelques régiments de chasseurs, nous n'eussions jamais éprouvé tous les revers que nous avons subis ; j'espère cependant que nous finirons par en avoir, car on peut, pour l'utilité, pour l'indispensabilité, placer cette arme sur la même ligne que la cavalerie légère dont le premier régiment a été formé chez nous par lord Elliot.

L'opinion de mes amis était que, si je venais à tomber entre les mains des Français, je monterais à

« *la guillotine*; » mais cela était mon affaire personnelle. Ils me disaient cela dans le but de me détourner du service, mais cette idée n'avait pas d'empire sur moi ; je ne leur niais pas d'ailleurs la possibilité du fait, car il y a une foule de scélérats qui ne respectent ni les cheveux blancs, ni les services, et auprès desquels la vertu et l'innocence ne servent de rien.

A mon retour en Angleterre plusieurs personnes m'ont posé la question suivante: « Eût-il été possible « que les armées combinées marchassent sur Paris « pour y renverser la Convention nationale? » Ma réponse a toujours été négative, attendu qu'il était impossible aux armées combinées de s'avancer dans le cœur de la France, — quand bien même rien ne se serait opposé à leur passage, — en laissant derrière elles, un corps d'armée de 70,000 hommes qui pourrait couper toutes leurs communications; cette observation, j'avais déjà eu occasion de la faire au général Kellermann, lors de la présence du prince de Brunswick dans les plaines de la Champagne. On me fit également l'objection que si Lille était pris, il ne nous resterait aucune place importante pour barrer notre marche sur Paris? En réponse à cette question, je hasarderai mon opinion personnelle, c'est que, en supposant que Lille ne se trouvât point dans la position qu'il occupe, en supposant même que Douai, que Cambrai, que Péronne ne fussent point fortifiées, il eut été peu prudent de la part du prince de Cobourg de marcher sur Paris, attendu qu'il eût laissée derrière lui une armée de 100,000 hommes, armée qui eût incessamment inquiété ses flancs et ses derrières, qui eût coupé ses communications et qui l'eût pris à revers.

D'ailleurs, dans l'endroit où Lille est établie, et notamment en pays ennemi, il est impossible qu'une grande armée puisse trouver toutes les provisions qui lui sont nécessaires, et par conséquent qu'elle puisse pourvoir à tous ses besoins. Je fais cette remarque afin de prouver à ceux qui ne savent pas la guerre, de quelle importance il était pour les généraux des armées combinées de ne jamais perdre de vue la conservation de leurs communications. C'est faute d'avoir pris ces soins que nous avons perdu deux armées en Amérique. Je sais bien que la vérité n'est pas toujours bonne à dire, mais, en la disant, en développant les arguments ci-dessus, j'ai la consolation de penser que j'aurai l'approbation de tous ceux qui ont quelque expérience dans l'art de la guerre, même de ceux qui y sont plus habiles que moi.

Beaucoup de personnes pensent que les exécutions à mort qui se reproduisent journellement dans Paris, exciteront un vif mécontentement dans l'armée française; les royalistes de cette armée, — et il y en a beaucoup surtout dans les troupes de ligne, — ne lisent jamais, sans frémir, le récit des cruautés qui ensanglantent la capitale aussi bien que les autres parties de la République, mais un ou deux coups de fusil tirés aux avant-postes détournent bien vite leur attention, et ils oublient bien vite les victimes qui tombent en arrière pour ne songer qu'à celles qui sont devant eux. Les troupes françaises craignent la paix parce qu'elles ont peur de la guerre civile, et leur crainte n'est peut-être que trop fondée.

Le lecteur est peut-être étonné de ma façon de penser, aussi ne veux-je pas abuser plus longtemps de sa patience; je n'ajouterai que quelques mots : il me semble presque impossible que si la Convention ne retire pas son décret du 19 novembre (1), décret qui ne saurait être considéré que comme une explosion de sa colère, nous puissions traiter de la paix avec quelque honneur. Puisse la Convention mieux inspirée abroger cette décision, et se sera, sans contredit, le meilleur moyen de conclure la paix le plus tôt possible.

---

(1) L'auteur fait ici allusion au décret rendu effectivement le 19 novembre 1792, par lequel la Convention promet à tous les peuples « protection et secours contre leurs gouvernants. »
(*Le Traducteur.*)

La seule chose à craindre pour les puissances européennes, ce serait de voir la République française organisée sur des bases solides et durables ; à coup sûr, cela serait plus pernicieux pour nous que toutes ses flottes et toutes ses armées ; heureusement que jusqu'à ce jour, il n'y en a pas la moindre apparence.

Mais sommes-nous sûr que la France veut la paix ? Pour moi, j'en doute ; ceux qui tiennent les rênes du gouvernement ne veulent pas quitter le pouvoir, et cela aurait probablement lieu, si, conformément aux vœux des départements, on convoquait une nouvelle Convention. Est-ce que Robespierre et tous ceux qui le soutiennent ignorent que leur vie ne dépend que de la perpétuité du pouvoir en leurs mains ? Aussitôt après le rétablissement de la paix et la création d'une Constitution (car aujourd'hui la France n'en a pas), n'ont-ils pas à craindre qu'on ne recherche tous les crimes qu'ils ont commis ? Il est positif que cela aurait lieu et qu'ils finiraient sur l'échafaud. Si la nouvelle Convention était assez prévoyante pour se réunir en un autre lieu qu'à Paris, à coup sûr alors Robespierre et les siens seraient punis de la peine de mort. Mais il faudrait que les nouveaux députés s'entourassent d'une garde départementale, sans quoi ils ne pourraient jamais délibérer en sûreté. Ils ne devraient pas non plus admettre à la publicité des séances un aussi grand nombre d'assistants que par le passé ;

s'ils négligent cette précaution, il leur arrivera encore souvent d'avoir la main forcée et l'anarchie, le meurre le pillage, reparaîtront à l'ordre du jour. Je doute, disais-je, que la France fasse la paix, car les régicides, qui sont actuellement au pouvoir, ne sont pas assez bornés pour ne pas s'apercevoir qu'ils sont sur une pente rapide et que si la tranquillité venait à se rétablir, ce serait pour eux une sentence de mort. C'est pourquoi ils sauront persuader au peuple français qu'il est assez puissant pour faire crouler tous les trônes de l'Europe, et la guerre continuera.

Peut-être leur projet trouvera-t-il de l'approbation chez une multitude irréfléchie et dans des clubs remplis de massacreurs et d'anarchistes soudoyés ; car, si quelque membre de la Convention osait s'élever contre une pareille idée et présenter la paix comme devant être le but des désirs de la nation, je suis sûr qu'à l'instant même quelque assassin aposté dans les tribunes menacerait son existence ; et si la crainte restait sans empire sur son âme, s'il échappait au poignard d'un fanatique insensé, à coup sûr, il serait dénoncé dès le lendemain et traduit devant le tribunal révolutionnaire dont les jurés à poste fixe n'hésiteraient pas à le déclarer coupable de haute trahison envers la République et à livrer sa tête à leur bourreau. Un seul fait de cette nature serait suffisant pour terrifier la Convention, toujours sous le coup de la terreur, et pour la forcer à décréter la continuation de la guerre.

Telle est ma manière de voir sur l'état actuel de la France, état sur lequel on m'a fait tant de questions que je me suis décidé à l'exposer dans ce petit livre. Je désire me tromper; je désire que nous puissions obtenir la paix que nous désirons; je désire qu'une convention nouvelle rétablisse la monarchie en France, mais cela me semble si peu probable pour le moment que je ne puis fonder mon désir que sur l'inconstance ordinaire au peuple français.

Si une guerre civile venait à éclater en France, si les Français étaient abandonnés à eux-mêmes, on verrait bientôt cette belle contrée divisée en une foule de républiques partielles; chose que, nous Anglais, devons désirer par dessus tout, comme anéantissant la formidable puissance de cette nation. Je le répète encore avant de déposer la plume, si l'Europe voulait rester simple spectatrice des événements qui se passeront en France, on pourrait espérer y voir rétablir la monarchie; mais si elle veut s'immiscer dans les affaires de la République, elle n'aboutira qu'à réunir contre elle tous les partis qui s'y déchirent.

Le lecteur, j'ose l'espérer, m'excusera de m'être livré a tant de digressions et d'avoir si souvent parlé de sujets étrangers au but de mon travail; mais ayant eu depuis longtemps l'occasion de connaître à fond ce grand peuple français, j'ai cru que l'on me pardonnerait d'avoir fait part de ma manière de voir ; d'ailleurs j'ai la satisfaction de voir que mes sentiments sont partagés par des gens qui, plus encore que moi, ont étudié cette nation devenue si méconnaissable en un laps de temps si court.

FIN.

ADDENDA.

I.

Page 50, ligne 7 : *Des Russes*, etc.; une note du traducteur a été omise ici, note dans laquelle il était dit que Money avait commis une grossière erreur et avait probablement voulu parler des prêtres et des nobles détenus à l'Abbaye, aux Carmes, à la Force et dans d'autres prisons de Paris.

II.

Page 139 : La prise du fort *Villatte* (et non pas *Villette* comme l'écrit Money) est racontée un peu différemment dans le *Dictionnaire des siéges et batailles ;* je crois être agréable au lecteur en donnant ici cette variante que je n'ai connue que trop tard pour la mettre en note :

« Après la bataille de Jemmapes, le général Valence était entré dans Namur à la suite d'une capitulation, et 6,000 Autrichiens s'étaient retirés dans le château; le général Moitelle, leur commandant, voulut dicter des lois à l'armée française ; le siége du château fut aussitôt ordonné; mais il fallait se rendre maître du fort Villatte qui en défendait l'accès, et dont l'attaque de vive force était à la fois dangereuse et incertaine parce qu'on avait pratiqué des fourneaux sous ses glacis. Le général Leveneur conçoit le projet de s'en emparer en prenant la garnison à l'improviste et en surprenant le fort par sa gorge. Entre cette gorge et le château se trouvait un chemin de communication garni de palissades et de parapets par lequel on arrivait au fort par deux routes dont la seconde était gardée et la première sans défense. A minuit, le 29 novembre, le général Leveneur sort à la tête de 1,200 hommes conduits par un déserteur. On franchit les palissades dans le plus grand silence : on marche à la première route, on la trouve déserte ; à la seconde, les sentinelles crient et font feu. Au même instant le général qui se trouvait de trop petite taille pour franchir la palissade, s'adresse à un officier très grand et très fort, et lui ordonne de le jeter par dessus. L'officier obéit, il suit son chef, quelques grenadiers l'imitent. Arrivé près du commandant du poste qui tentait de rassembler sa garde, le général lui appuie son épée sur la poitrine en disant : « Conduis-moi à tes mines. » L'officier balance. « Conduis-moi à tes mines ou tu es mort, » répète Leveneur d'une voix terrible, et il le menace toujours de son épée. L'officier se décide à marcher, et le général arrache les mèches de sa propre main. Cependant la garnison avait été désarmée par les grenadiers qui avaient sauté dans le fort; les Autrichiens s'épouvantent, le feu d'une batterie de 24 achève de les effrayer, ils capitulent, etc., etc. »

III.

Page 206 : Les *Mémoires de Dumouriez* diffèrent sous un grand nombre de points de la relation que donne

Money de la bataille de Nerwinde; il serait trop long de transcrire ici les pages qu'il y consacre, nous préférons y renvoyer les lecteurs. Cette bataille et sa critique ont d'ailleurs été l'objet de pages remarquables dans les *Guerres de la Révolution et de l'Empire*, du général Jomini; c'est peut-être ce qui a été écrit de mieux sur ce sujet.

IV.

La biographie du général Money que nous aurions voulu donner à nos lecteurs est fort obscure : James Money, naquit à Norfolk; il entra au service en 1758, et servit d'abord dans les dragons d'Elliot, pendant la campagne de Hanovre; de là, il s'en alla guerroyer en Amérique où il devint quartier-maître du général Bourgoyne; puis, après la paix de Versailles, il prit du service comme général-major dans les armées brabançonnes. Enfin, au moment de la guerre de 1792, il entra au service de France avec le grade de maréchal-de-camp (brevet du 19 juillet); sa conduite pendant toute cette campagne fut celle d'un bon militaire, et il allait être récompensé de son habile coopération aux efforts de nos généraux par le brevet de lieutenant-général, quand il crut que sa conscience lui interdisait de servir plus longtemps la France au moment où la guerre était imminente entre elle et sa patrie. Revenu en Angleterre, il fit de nombreux efforts pour rentrer au service, mais n'ayant pu y parvenir, il se retira d'abord à Cronwpoint puis à Norfolk où il s'occupa d'études scientifiques et principalement d'aérostatique. Il fit même plusieurs ascensions en ballon; dans l'une d'elles, faillit perdre la vie, et ne fut sauvé que par un bateau qui rattrapa son aérostat tombé dans une rivière, et auquel il s'était cramponné.

Il a laissé plusieurs écrits :

1° *Souvenirs de la campagne de* 1792, qui fut presque immédiatement traduit en allemand. Cet ouvrage est celui dont nous donnons aujourd'hui une traduction française, en voici le titre exact : *The history of the campaign of* 1792, *between the armees of France under général Dumouriez, Valence, Kellermann and the allies under the duke of Brunswick; London; E. Harlow*, 1794. Le titre allemand est : *J. Money's gewesenen franzosischen marechal de camp, geschichte des feldzugs im Jard* 1792. *Zwischen den franzosischen armeen unter den generalen Dumouriez, Valence, U. Z. W. und die Aliirten unter dem commando des herzogs von Braunschweig. Aus dem Englischen.* 1798.

2° *Sur une réorganisation partielle de l'armée anglaise*, in-8. 1799;

3° *Traité sur l'usage des ballons et du parti qu'on pourrait en tirer dans les opérations militaires*, in-8. 1803;

4° *Lettres aux officiers de volontaires*, adressées aux fermiers de Norfolk, in-8. 1804.

On ignore l'époque de sa mort. *La biographie des contemporains* en parle en deux lignes, et il ne se trouve point dans celle des frères Michaud (1re partie) ; le supplément de ce bel ouvrage n'en fait pas mention non plus. Je n'ai pu trouver de biographies anglaises pour y voir s'il en était dit davantage.

TABLE.

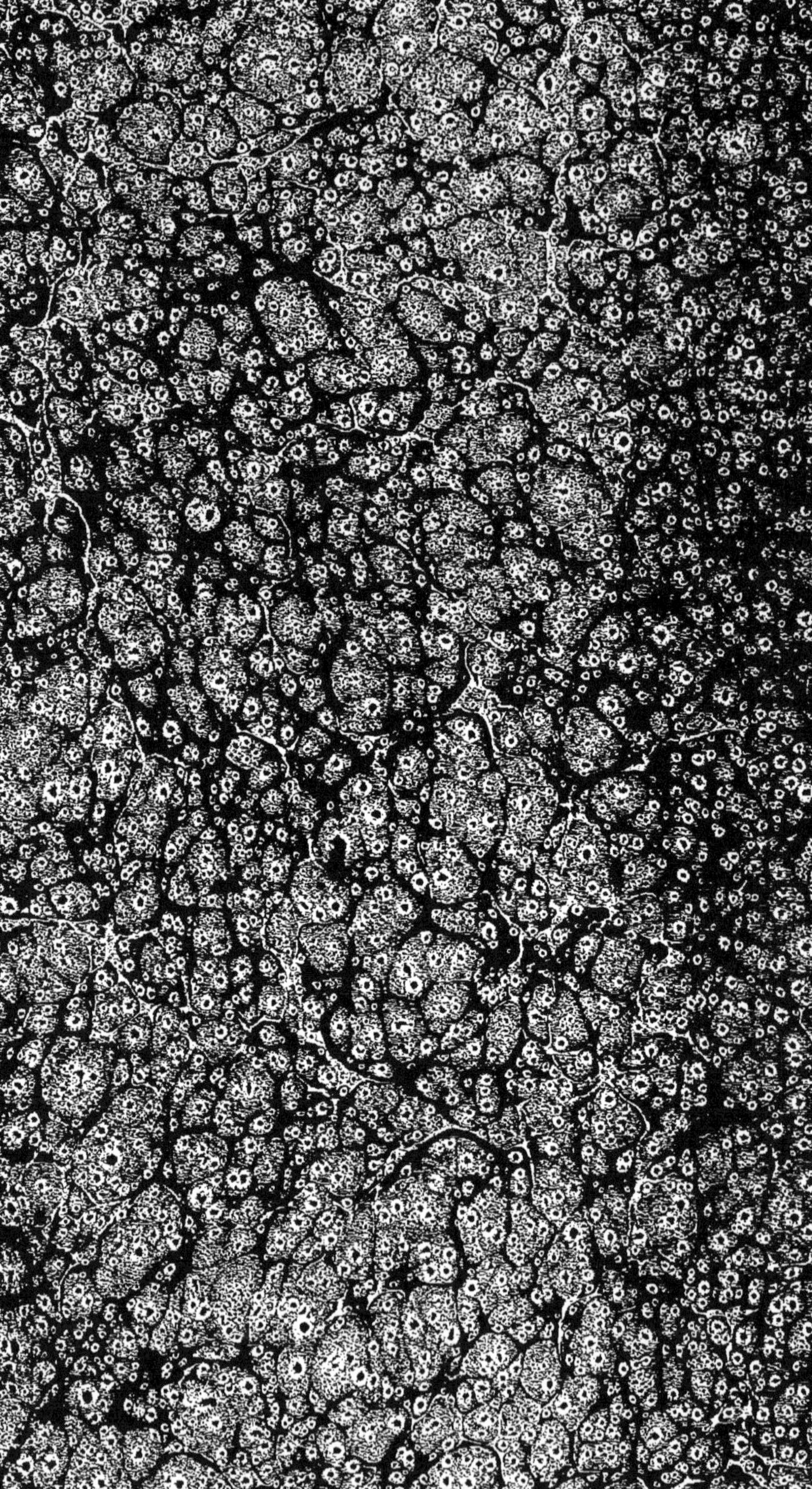

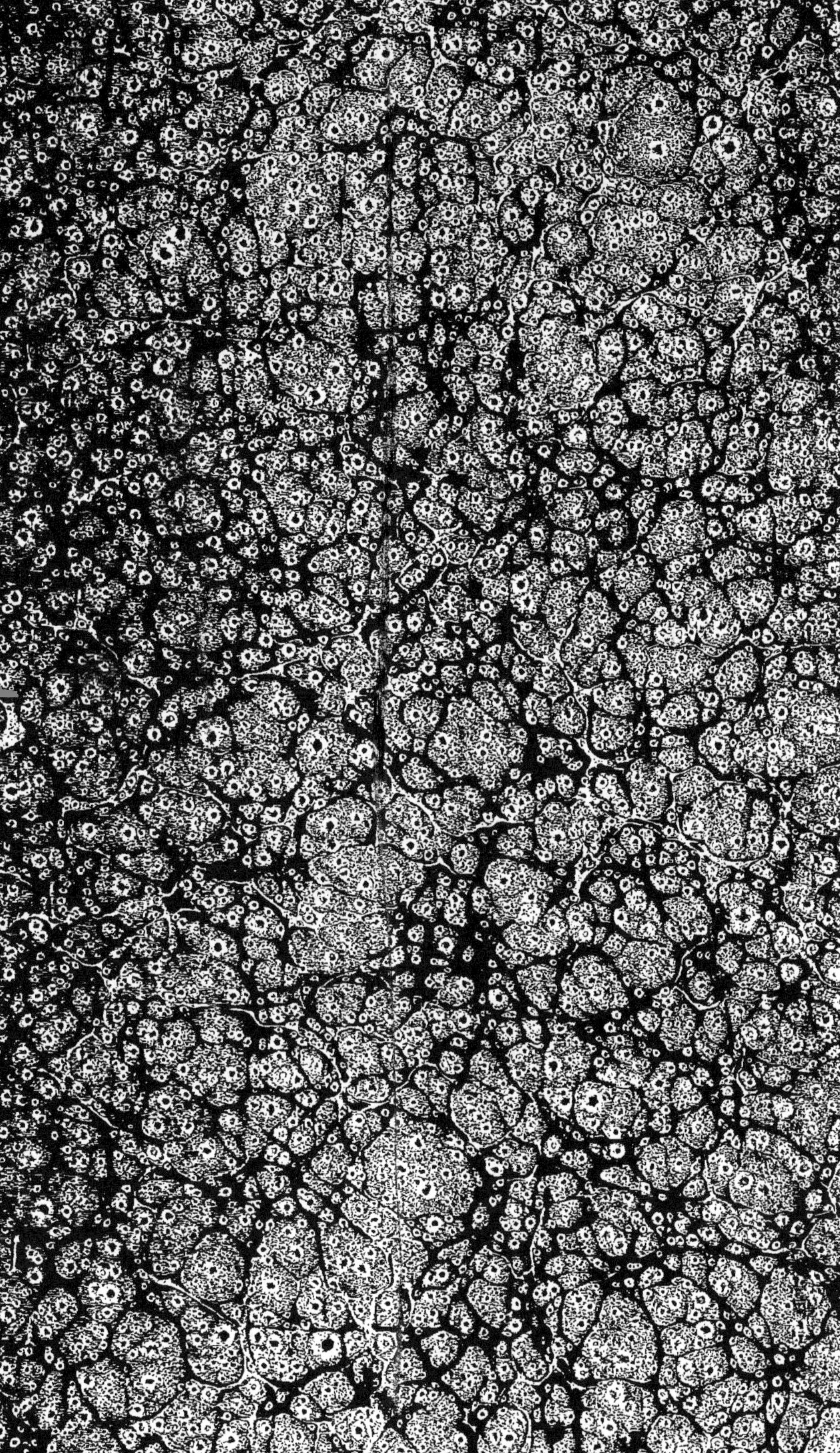

www.ingramcontent.com/pod-product-compliance
Ingram Content Group UK Ltd.
Pitfield, Milton Keynes, MK11 3LW, UK
UKHW020210250726
13967UKWH00003B/1386